책방으로 가다

ESSAYIST

소다캣 에세이

책방으로 가다

*)

목차

PROLOGUE 008

『제발 조용히 좀 해요』 레이먼드 카버 014
우리가 말할 수 없는 것들
RAYMOND CARVER

『어둠의 왼손』 어슐러 K. 르 귄 026
그림자를 보며 걷다
URSULA K. LE GUIN

『일리아스』 호메로스 038
아무것도 달라지지 않겠지만
HOMEROS

『그로칼랭』 로맹 가리 050
사랑하는 나의 삶에게
ROMAIN GARY

『소송』 프란츠 카프카 068

책방으로 가다

FRANZ KAFKA

『위대한 개츠비』 F. 스콧 피츠제럴드 084

손에 잡힐 듯 선명하게 빛나는

F. SCOTT FITZGERALD

『나는 고양이로소이다』 나쓰메 소세키 098

지금 이 순간에 대한 애정

夏目漱石

『안티고네』 소포클레스 112

관계의 이면

SOPHOCLES

『순수의 시대』 이디스 워튼 126
더는 바랄 것 없는
EDITH WHARTON

『디어 라이프』 앨리스 먼로 138
삶의 표정
ALICE MUNRO

EPILOGUE 152

PROLOGUE

 퇴근길에 이따금 책방에 들렀다. 세심하게 선별된 책이 있는 곳이었다. 한쪽에 놓인 테이블에서 커피를 마실 수도 있었다. 방금 산 책을 읽다가 고개를 들어 손님들을 관찰하기 좋은 공간이었다.

 진열대를 서성이며 책을 고르는 이들은 대부분 직장 여성이었다. 뒤돌아서면 기억에 남지 않을 정도로 무난한 옷차림이었지만, 실은 신경을 많이 쓴 것 같았다. 그들은 자기가 집어 든 책과 비슷해 보였다.

책이라는 익숙한 세계에 둘러싸여 피신처에 도착한 듯한 편안함을 느끼는 사람들에게는 어떤 공통점이 있는 걸까, 궁금했다.

"왜 책을 읽어야 하나요?"

누군가 그렇게 물었다. 하긴 생각해 보니 책을, 특히 소설을 읽어야 할 이유 같은 건 없었다.

늘 그렇듯 답은 책 속에 있었다.

무라카미 하루키의 소설 『1Q84』에서 주인공 덴고는 수학을 가르치면서 소설을 쓴다. 그는 수학 공식을 푸는 행위와 소설을 읽는 행위가 일종의 여정이라는 점에서 서로 비슷하다고 느낀다. 그러나 여정의 끝에 이르렀을 때 수학 공식은 얼마간의 성취감 말고는 아무것도 없는 반면 소설은 누군가와 함께 돌아온다. 하루키는 그것이 덴고가 소설을 쓰는 이유라고 설명한다.

소설에는 그런 기능이 있다. 누구라도 책의 미지막 페이지를 덮을 때 혼자가 아니게 된다. 그것은 우리에게 삶을 이해할 수 있도록 해준다. 무가치한 위대함을 위해 모든 것을 내던진 남자의 죽음에 대하여, 세상이 정해준 자리에서 벗어나 고집스럽게 혈육의 시체를 매장하는 소녀의 선택에 대하여, 파리의 아파트에서 220센티미터의 비단뱀을 키우는 남자의 고립감에 대하여.

아무도 없는 혼자인데 오히려 완전한 시간이 있다. 외로움은 혼자인가 아닌가의 문제가 아니다. 누군가와 함께 있는 순간에도 외로움은 찾아온다.

우리는 삶의 공허함이 타인과의 진실한 관계로 채워지기를 기대하지만, 아이러니하게도 온전하게 혼자일 수밖에 없는 정신 활동을 할 때 삶은 충만해진다.

삶이 온전하다고 여겨지는 그 순간, 우리와 함께 있는 누군가는 이미 오래전 흙으로 돌아간 시인과 소설가, 혹은 음악가인지도 모른다.

"그것은 우리로 하여금

삶을 이해할 수 있도록 해준다."

우리가 말할 수 없는 것들

『제발 조용히 좀 해요』 레이먼드 카버

여러 해 전 나는 작은 회사에 다니고 있었다. 3년 동안 지긋지긋하게 이어졌던 이혼 소송이 끝난 직후 딱히 이렇다 할 이유 없이 우울했던 시기였다. 누군가와 갈등을 겪거나 난처한 문제가 있었던 것도 아니었는데 마치 신이 귀에 대고 이제부터 네 인생은 절대 좋아지지 않을 거라고 말해준 것 같았다.

지금 생각하면 그래도 밥벌이하고 있었고 앞으로 훨

씬 더 나빠질 미래가 기다리고 있다는 점에서 그렇게 최악이라고 할 순 없었지만, 아무튼 그때는 그랬다.

회사는 적은 월급에 과중한 업무에 모든 열정을 쏟아 일해야 한다는 상사에 근무 환경이 좋다고 할 수 없어서 날마다 나 자신이 아무 짝에 쓸모없는 존재라는 사실을 되새겨야 했다. 그때까지 여러 직장을 전전했지만, 그곳만큼 짓누르는 듯한 침묵이 흐르는 곳은 없었다. 누구 하나 입을 떼지 않다가 정오가 돼서야 하나둘 밖으로 나가 점심을 먹었다. 직원들은 회사에 관한 이야기를 나누지 않았고, 누군가에 대해 험담도 하지 않았고, 동료 간의 우애나 연대감을 쌓지도 않았다.

나는 가까운 파리바게뜨에서 혼자 점심시간을 보냈다. 크로켓이나 샌드위치 같은 것으로 끼니를 때우면서 거기 앉아 있을 때가 내가 존재할 수 있는 유일한 시간 같았다. 남들이 정해놓은 내가 아닌 한정적이나마 현실의 압박에서 벗어나 더 많은 일을 할 수 있다고 생각되는 나. 하지만 그런 나는 보잘것없이 방치되다가 이내 사라졌다는 걸 느낄 수 있었다.

그 남자는 키가 작고 몸집이 왜소했다. 나이는 육십 대로 보였는데 흐릿한 색채의 얇은 등산 점퍼에 등산용 배낭을 메고 리본으로 포장된 케이크 상자를 들고 있었다. 그는 내가 있던 2층으로 올라와 앉을 자리를 찾고 있었다.

그 파리바게뜨에는 늘 노년의 남자들이 모여 있었다. 누구라고 할 것 없이 모두 상체를 뒤로 젖히고 불룩한 배를 내밀고 앉아 못마땅한 눈빛으로 젊은 사람들을 훑어보곤 했다.

그날 내가 보았던 남자는 그들과 한눈에 구분되었다. 비굴하다거나 눈치를 본다거나 하지는 않았지만, 세상 어디에도 자리가 마련되어 있지 않은 사람 같았다.

남자는 덩그러니 놓인 자신의 존재를 불편해하면서 빈자리에 앉아 케이크 상자를 테이블 위에 올려놓았다. 두 손은 무릎 위에 두고 고개를 숙인 채 말없이 케이크 상자를 보면서 한참 그러고 있었다. 되도록 눈길을 주지 않으려고 했지만 그가 상자의 리본을 풀고 케이크 위에 정성스럽게 초를 꽂기 시작하자 그에게서 눈을 뗄 수 없었다. 매장에서 흔하게 팔리는 중간 크기의 생크림 케이크에 작은 초가 여러 개 꽂혔다. 나이로 세면 열 살에서 열두세 살 정도. 성냥을 그어 불을 붙이자, 케이크 위에서 빛나는 촛불이 그의 얼굴에 잠시나마 온기를 전했다. 모든 것이 소진되어 남아있지 않은 얼굴이었다.

그는 이내 촛불을 끄고는 눈을 감고 가슴에 성호를 그으며 고개를 숙였다. 무언가에 대한 기원을 가지고 두 손을 가슴 앞에서 모았을 때 비로소 그에게서 희미하게나마 인간다운 열망이 느껴졌다. 기도를 끝내고 꺼진 초를 정리한 다음 그는 찬물에 뛰어드는 사람처럼 여러 번 망설이다가 포크로 케이크 한쪽을 조금 잘라 입으로 가져갔다. 케이크가 모두 사라질 때까지 동작은 성실하게 반복되었다. 음식을 먹는 즐거움은 없었다.

포크를 내려놓고 오랫동안 빈 케이크 상자에 시선을 두던 그가 드디어 짙은 남색 등산 배낭을 메고 일어나는 순간, 그의 시간에 어떤 확실한 선이 그어지는 것 같았다. 그때까지 그에게 눈길을 주는 사람은 아무도 없었다.

나는 그 남자의 얼굴을 지금도 선명하게 떠올릴 수 있다.

RAYMOND CARVER

 레이먼드 카버는 1977년 6월 2일 술을 끊었다. 그리고 죽을 때까지 다시는 술을 입에 대지 않았다. 그때까지 그는 심각한 알코올의존자였다. 늘 술에 취해 있었고 술을 마시면 자신이 무슨 행동을 했는지 기억하지 못했다. 경찰서, 법정, 교도소를 들락거리면서 병원과 재활센터에도 여러 번 입원했다.

 그가 술을 끊게 된 계기는 딱히 없었다고 한다. 어쩌다 술을 마시지 않았는데 괜찮았고, 그래서 계속 술을 마시지 않았을 뿐이었다. 이상한 일이지만 한편 공감할 수 있었다. 무언가에 중독되어 있다가 어느 날 갑자기 그만두게 되는 일은 종종 일어난다. 자기도 그 이유를 알지 못한 채 그럴 수밖에 없었던 것처럼 어떤 것은 그저 그럴 수 있게 된다.

술을 끊은 그해 레이먼드 카버는 시인 테스 갤러거를 만났다. 각종 문학 기금을 받기 시작했고 1983년에는 전미 예술 문학 아카데미에서 수여하는 밀드레드 앤 해럴드 스트로스 리빙 어워드의 수상자가 되었다. 그것을 계기로 그는 경제적 빈곤에서 완전히 벗어났다. 다음 해 아내와 정식으로 이혼한 후 작가로서의 명성도 얻었다. 그 시기가 카버에게는 제2의 삶이었다.

지금 시대에 배고픔을 자양분으로 글을 쓰는 작가는 드물다. 언어를 다루는 기술은 일정 수준 이상의 지적 능력과 교육이 필요하다. 반면 가난에서 벗어나기 위해 작가라는 직업은 전혀 효율적이지 않다. 부유한 집안에서 걱정 없이 성장한 사람이라고 해도 삶을 고통스럽게 만드는 것으로부터 완전히 벗어날 순 없다. 하지만 하루하루 먹고살기 위해 사투를 벌여야 하는 빈곤한 가정에서 작가의 꿈을 키운다는 건 성공하기 힘든 모험이다. 글을 쓰기 위해서는 안정적이고 예측할 수 있는 직장이 필요하다. 생계를 유지하기 위해 이것저것 닥치는 대로 일하는 와중에 부양할 아이들을 돌보면서 글을 쓴다는 것은 지옥에서 사는 것과 다를 게 없다. 레이먼드 카버의 젊은 시절은 그런 것들로 채워져 있었다.

레이먼드 카버가 열아홉 살의 나이로 결혼했을 때 아내 메리언 버크는 겨우 열여섯 살이었다. 성장이 끝나기도 전에 두 아이의 부모가 된 어린 부부는 가족을 부양하기 위해 온갖 허드렛일을 해야 했다.

그는 약국 배달원, 병원 수위직 등을 전전하면서 대학에 입학하고 문학사 학위를 받고 시와 단편소설을 썼다. 처음으로 그의 단편이 잡지에 실리게 되자 카버와 그의 아내는 온 도시를 돌아다니면서 친구들에게 자신의 작품을 실어주겠다는 출판사의 편지를 보여주었다. 1967년 단편 〈제발 조용히 좀 해요〉가 『미국 최고 단편소설 연감』에 수록되었을 때 그는 우편으로 도착한 책을 받아 들고는 밤새 그것을 바라보았다.

그러나 그는 여전히 가난했고 살아남기 위해 안간힘을 써야 했다. 파산 신청도 두 번이나 했다. 실업 급여를 받기 위해 사기 행각을 벌였다는 죄목으로 법정에 서기도 했다. 열심히 일하고 공부하고 학위를 받고 소설과 시를 쓰고 심지어 작가로서의 재능을 인정받았지만, 그의 삶에서 달라지는 것은 아무것도 없었다. 그가 술을 마시기 시작한 것은 그때부터였다.

레이먼드 카버의 『제발 조용히 좀 해요』에 수록된 단편 〈학생의 아내〉에서 남편은 잠들기 전에 아내에게 시를 읽어준다. 아내는 선잠에서 깨어난 뒤 다시 잠들지 못한다. 남편에게 샌드위치를 만들어달라고 하고 다리를 문질러달라고도 한다. 남편은 졸린 와중에도 샌드위치를 만들고 아내의 다리를 문질러주면서 끈질기게 "당신 자?"라고 묻는 아내의 말에 일일이 대답해 준다. 그래도 아내는 잠들지 못한다. 남편은 어느새 곯아떨어진다. 아내는 내내 뒤척이다가 화장실에서 얼굴을 씻고 아이들이 자는 방을 둘러보고 거실을 서성이고 소파에 놓인 잡지를 뒤적거리면서 새벽을 맞이한다. 그러고는 다시 침실로 돌아온다. 소설은 잠든 남편을 바라보던 아내가 문득 기도하면서 끝난다.

"하느님. 저희를 도와주세요. 하느님."

작가는 남편과 아내에 관해 설명하지 않는다. 인종도 나이도 지역도 드러나지 않는다. 독자는 제목을 통해 남편이 학생이라는 것을 알아차린다. 하지만 이조차 확실하지 않다. 부부에게 자녀들이 있다는 것, 옆집의 변기 내리는 소리가 들린다는 사실을 통해 그다지 좋은 주거 환경이 아니라는 것, 잠든 남편의 모습을 절망적으로 바라보는 시선과 창백한 빛깔의 시트에서 그들 삶의 내밀한 안쪽에 무엇이 더 있을 것이라고 짐작할 뿐이다. 그들이 안고 있는 문제가 구체적으로 무엇인지 아내가 왜 잠들지 못하는지 그리고 왜 신께 도움을 청하는지 알 수 없다.

많은 것을 생략하고 압축하는 카버에게 평론가들은 미니멀리스트라는 수식어를 붙였다. 찬사의 의미였지만 정작 카버는 그렇게 불리는 것을 좋아하지 않았다. 파리 리뷰의 인터뷰를 모은 책 『작가란 무엇인가』에서 레이먼드 카버는 '미니멀리스트를 대변한 듯한 단순, 적확한 문체로 미 중산층의 불안감을 표현하는 작가'라고 소개되었다. 그러나 카버가 그려낸 인물들을 과연 평범한 중산층이라고 부를 수 있을까.

한 달 또 한 달, 하루 또 하루를 이어가면서 한 발만 잘못 디디면 삶에서 굴러떨어지는 인물들. 그가 표현하는 것은 불안이 아니다. 그의 말하지 않는 방식 역시 세련된 글쓰기가 아니다. 실직, 파산, 생계유지, 별거, 그리고 알코올. 레이먼드 카버는 자전적 소설을 쓰지 않는다고 했다. 그러나 한편 자신이 아는 이야기만 쓴다고도 했다.

삶의 어떤 부분은 말할 수 없다. 말하려고 하는 순간 그것은 그저 가볍고 우스운 것으로 변해버린다. 어느 날 삶을 텅 비게 하는 것, 쓸모없는 무엇으로 남아 있는 시간을 가득 채우는 것, 아무것도 없는 오늘을 견뎌야 하는 것, 그것은 우리가 말할 수 없는 것들이다.

그림자를 보며 걷다

『어둠의 왼손』 어슐러 K. 르 귄

우리는 누구나 작은 씨앗을 하나 가지고 태어난다. 내면의 씨앗은 부모님 혹은 다른 누군가로부터 물려받은 것이 아니라 본연의 자신에게 속한 것이다. 그것은 혈연이나 기질, 사회의 가치와 상관없이 독립적이고 완전한 존재로서 꽃을 피운다. 잠재력 혹은 가능성이라는 씨앗이 어떤 나무로 자랄지 어떤 꽃을 피울지 자신도 알 수 없다. 울창하게 자라 꽃을 피우는 시기가 되어서야 비로소 우리는 내 안의 씨앗이 참나무였는지 아니면 벚나무였는지 확인할 수 있다.

안타깝게도 모든 씨앗이 꽃으로 만발한 시간을 맞는 것은 아니다. 비옥하지 못한 땅에 떨어져 바위 틈새에서 싹조차 틔우지 못하는 씨앗도 있다. 어렵게 싹을 틔워도 햇볕이 부족하거나 비가 내리지 않아 그만 죽어버리는 씨앗도 있다. 내 안의 씨앗이 싹을 틔우고 자라나기 위해서는 적절하게 바람이 불어주고 해가 비춰야 하고 충분한 물이 있어야 한다. 뜨거운 더위와 매서운 추위를 견뎌야 한다. 예민하고 까다로운 씨앗이 커다란 나무로 성장하기까지는 이상적인 기후와 토양, 무엇보다 끈질긴 인내가 필요하다. 성장이란 지루할 정도로 오랫동안 기다려야 하는 지난한 과정이다.

내 안의 씨앗은 과연 어떤 나무일까, 무럭무럭 잘 자라고 있을까, 어쩐지 쥐도 새도 모르게 죽어버린 것은 아닐까. 나는 자신의 가능성이 진창으로 굴러떨어져 점점 빛을 잃어간다는 우울한 예감에 사로잡혀 있었다. 화가 났다. 더 좋은 조건이었다면 어땠을까, 이들이 아닌 다른 사람들이었다면 어땠을까. 나를 돌보지 않았던 사람들에 대한 미움도 생겨났다. 그러다가 알게 되었다. 나는 씨앗이 아니라 씨앗을 선물 받은 정원사라는 사실을. 씨앗은 토양과 기후를 선택할 수 없다. 하지만 정원사는 그런데도 불구하고 포기하지 않을 수 있었다. 가능성이라는 씨앗을 성장시키는 일은 누구도 아닌 나의 임무였다.

영화 〈사이드웨이〉에서 주인공 마일즈는 궁핍한 중년의 영어 교사로 부인과 이혼한 후 혼자 살고 있다. 틈틈이 소설을 쓰는 그는 와인 마니아다. 그의 친구 잭은 한물간 영화배우인데 부잣집 딸과 결혼을 앞두고 있다. 두 사람은 총각파티 겸 사실 마일즈는 괜찮은 와인을 좀 마셔볼 심산으로 함께 여행을 떠난다.

그들은 여행 중에 마일즈만큼이나 와인을 좋아하는 마야와 그녀의 친구 스테파니를 만난다. 마야는 마일즈에게 왜 피노(포도 품종)를 좋아하느냐고 묻는다. 마일즈가 대답한다.

"피노는 재배하기 힘든 품종이에요. 아무 데서나 잘 자라는 카베르네와 달리 강인하지 못하죠. 끊임없이 보살펴줘야 하고 특별히 좋은 환경에서만 자라요. 인내심 없이 재배할 수 없어요. 피노의 잠재력을 이해하고 시간을 투자하는 사람만이 피노의 진정한 맛을 끌어낼 수 있죠. 그랬을 때 피노의 맛과 향기는 그 무엇에도 비교할 수 없어요."

피노는 곧 마일즈 자신이다. 섬세하고 예민한 잠재력을 가지고 있지만 쉽게 수확할 수 없는 자신. 삶은 그런 마일즈의 가능성을 돌보지 않는다.

여행이 끝나갈 즈음 마일즈는 출판사로부터 소설 출간을 거절당하고 전처가 곧 결혼한다는 소식을 듣는다. 친구의 결혼식장에서 마주한 전처 옆에는 그와는 사뭇 다른 말끔하고, 부유해 보이는 신사가 서 있다. 결혼식이 끝난 뒤 마일즈는 혼자 패스트푸드점으로 들어가 정크 푸드를 앞에 두고 그토록 아끼던 61년산 슈발 블랑을 종이컵에 따라 마신다. 그 장면을 정말이지 잊을 수 없다.

마트의 할인 가격표가 그대로 붙어 있는 꽃다발, 악의는 없지만 눈치 없이 속을 긁어대는 늙은 모친, 그런 모친의 쌈짓돈을 몰래 슬쩍해 여행 경비를 충당해야 하는 호주머니 사정, 고속도로 근방 싸구려 모텔을 전전하는 여행, 마음을 괴롭히는 전처와의 기억 그리고 가장 특별한 날 그녀와 함께 마시려고 했던 61년산 슈발 블랑.

마일즈는 그 순간이 절대 오지 않으리라는 걸 깨닫는다. 작가로서 성공하리라는, 떠나간 아내가 돌아오리라는, 초라한 그의 인생에 유일한 희망이 되어주었던 단 하나의 가치를 싸구려 종이컵에 부어 목구멍에 털어버린 후 그는 불현듯 마야에게로 달려간다.

URSULA K. LE GUIN

 우리 사회는 외향적이고 긍정적인 성향을 선호한다. 그림자라고는 티끌만큼도 느껴지지 않는 밝은 태도와 타인에게 선뜻 다가서는 열린 마음은 누구에게나 환영받는 미덕이다. 유복한 집안에서 부족함 없이 성장하여 체계적인 교육을 받은 이들은 마치 충분한 햇빛과 수분을 듬뿍 받은 수려한 나무를 연상시킨다. 하지만 그가 정말 잘 자란 수려한 나무인지 실상은 햇볕을 제대로 쬐지 못해 기묘한 모습으로 뒤틀린 나무인지 알 수 없다. 언제나 그렇듯 눈에 보이는 것이 전부는 아니다.

 우리는 종종 결코 이해할 수 없다고 여겨지는 사람들을 본다. 어떻게 이렇게까지 나쁠 수 있을까, 어떻게 이렇게까지 파렴치할 수 있을까. 그러나 한나 아렌트가 이미 간파한 것처럼 악은 멀리 있지 않다. 누구나 마음속 햇볕이 잘 닿지 않는 곳에 고통으로 훼손된 자신의 일부가 있다. 정도의 차이는 있겠지만 고통과 대면하지 않는 사람은 없다. 삶의 의미를 모르는 어린아이가 아니라면 한 점의 구김도 없이 밝기만 한 인생이란 존재하지 않는다. 햇빛이 비치는 곳에 그림자가 생기듯 우리는 각자 자신의 그늘을 짊어지면서 산다.

오랫동안 기억에 남는 특별한 책은 많지만, 인생에서 가장 빛나는 단 한 권을 고르라고 한다면 나는 고민 없이 어슐러 K. 르 귄의 『어둠의 왼손』을 선택할 것이다.

『어둠의 왼손』의 주인공 겐리 아이는 83개 행성으로 이루어진 지구 협력 기구 '에큐멘'의 평화 사절단이자 탐험가로서 '겨울 행성' 게센에 홀로 도착한다. 마지막 빙하기를 겪은 지 얼마 되지 않은 게센은 극도로 추웠기 때문에 초기 탐사대에 의해 겨울 행성이라는 이름으로 불리게 되었다.

게센의 자연환경과 문명은 지구와 유사했지만, 외계

인류 게센인은 지구인과 생물학적으로 크게 달랐다. 그들은 1년 중 6분의 5가량을 양성兩性으로 살다가 나머지 시기에 남성 혹은 여성 중 한쪽 성을 선택해 자손을 가진다.

겐리 아이가 인류 공동체의 평화로운 협력이라는 사명감을 가지고 게센에 도착했을 때 아직 초기 국가 상태에 머물러 있는 게센의 두 국가 카르히데와 오르고레인은 갈등과 대립 속에서 극심한 정치적 변화를 겪고 있었다. 겐리 아이는 카르히데의 고위 집정관 에스트라벤의 전폭적인 지원으로 다른 우주에서 온 존재로 인정을 받을 수 있었지만, 에스트라벤이 정치적으로 몰락하자 겐리 아이도 카르히데를 떠나야 하는 처지에 놓인다.

자유롭고 개방적인 지구에서 성장한 겐리 아이는 평소 지나치게 신중하고 외교적인 귀족 출신 에스트라벤을 믿을 수 없다고 여긴다. 에스트라벤은 권력이 곧 그의 성격이 되었다고 할 정도로 태도가 모호했고 무표정했다. 겐리 아이는 자신의 신변을 걱정하는 에스트라벤의 충고를 무시하고 오르고레인으로 향한다.

어렵게 도착한 오르고레인의 상황은 겐리 아이의 기대와 같지 않았다. 오르고레인 사람들은 겐리 아이가 머나먼 우주에서 왔다는 사실을 믿지 않았다. 그는 이내 체포되어 죄목을 알 수 없는 사람들과 함께 천혜의 사형장 풀레펜 자원 농장으로 끌려간다. 그곳에서 죄수들은 온전한 정신을 유지할 수 없게 만드는 약물을 투여받으며 얼어 죽거나 굶어 죽었다.

곧 죽을 처지에 놓인 겐리 아이를 구해낸 이는 다름 아닌 에스트라벤이었다. 겐리 아이를 옹호하다가 축출된 에스트라벤은 자기 때문에 겐리 아이가 자원 농장으로 보내졌다는 죄책감을 느끼고 있었다. 그는 죽음 직전에 놓인 겐리 아이를 업고 농장에서 탈출한다. 두 사람은 오르고레인의 국경을 넘기 위해 목숨을 걸고 약 1,300킬로미터의 북극 지대를 횡단한다.

앞으로 나아가지 않으면 얼어 죽을 수밖에 없는 혹독한 추위와 싸우며 침묵의 눈 속으로 걸어가던 겐리 아이는 에스트라벤이 들려주는 〈토르메의 노래〉를 듣는다.

'빛은 어둠의 왼손, 그리고 어둠은 빛의 오른손, 둘은

하나.'

겐리 아이는 에스트라벤의 노래를 통해 자신이 혼자이면서 동시에 혼자가 아니라는 사실을 깨닫는다. 그는 광활하고 먼 외계의 존재와 정치적인 관계가 아닌 인격적인 관계를 맺고 싶다는 열망을 가지고 '겨울'에 도착했다. 행성 게센에 존재하는 단 한 명의 지구인이지만 그곳에 홀로 존재하는 것은 아니었다.

모든 것은 양면을 가지고 있다. 빛과 어둠, 삶과 죽음은 따로 나뉠 수 없다. 빛이 없다면 어둠이라는 개념은 존재하지 않는다. 마치 동전의 앞면과 뒷면이 함께 존재하는 것과 같다. 커다란 앞면을 가진 동전에는 반드시 커다란 뒷면이 있다. 강렬한 빛은 그만큼 짙은 그림자를 남긴다.

소설의 제목 『어둠의 왼손』은 어둠이 아닌 빛을 의미한다. 르 귄이 그려낸 외계인 에스트라벤은 남성이면서 동시에 여성이다. 그는 어둠지만, 빛으로 가득 차 있으며 죽음을 선택하지만, 타인의 생명을 구한다.

겐리 아이와 에스트라벤은 빙하 지대에 이르러 얼음 틈 사이로 썰매를 끌며 조심조심 나아간다. 그곳 어디에도 그림자가 없다. 매끄럽고 하얗고 아무런 소리가 들리지 않는 커다란 유리공 속 같은 곳. 한순간 실수하면 눈으로 덮인 보이지 않는 빙하의 나락으로 떨어진다는 두려움이 그들을 엄습한다. 그림자가 없는 공간에 공포를 느낀 겐리 아이는 지금까지 자신들이 그들의 그림자를 의지해 걸어왔다는 사실을 그제야 깨닫는다. 겐리 아이가 말한다.

"햇빛만으로는 충분하지 않다니 이상합니다. 우리가 걷기 위해서는 그림자가 있어야 한다는 사실이요."

햇빛을 제대로 받지 못한 나무는 자랄 수 없다. 하지만 햇빛만으로는 부족하다. 우리의 복잡하고 끈질긴 성장에는 반드시 자신의 그림자를 보면서 앞으로 나아가야 하는 순간이 있다.

아무것도 달라지지 않겠지만

『일리아스』 호메로스

 1998년 나가노 동계올림픽 피겨 스케이트 여자 싱글 경기의 마지막, 미셸 콴은 타라 리핀스키에게 아깝게 패했다. 그녀는 전미 선수권 대회에서 아홉 번 우승했고 세계 선수권 대회에서 무려 다섯 번이나 우승한 전설적인 선수였다. 그러나 올림픽과는 유독 인연이 없었다. 나가노 동계올림픽이 막을 내리고 4년 뒤 그녀가 압도적인 실력으로 2002년 솔트레이크시티 동계올림픽에 다시 한번 출전했을 때 미셸 콴의 금메달을 의심하는 사람은 아무도 없었다. 순조롭게 1위를 지켜나가던 미셸 콴은 그녀의 가장 유명한 프로그램인 세헤라자드를 연기하던 도중 그만 넘어지고 말았다. 올림픽 금메달은 무명의 스케이터 사라 휴스에게 돌아갔다. 이어진 피겨 갈라쇼에서 사라 휴스보다 더 큰 박수를 받으며 등장한 미셸 콴은 우아하게 반짝이는 금빛 의상을 입고 스케이팅을 마친 뒤 눈물을 흘렸다. 당시 스물두 살이었던 그녀에게 2002년 솔트레이크시티 동계올림픽은 사실상 마지막 올림픽이었다. 시간이 흐른 뒤 그날의 심정을 묻는 어느 인터뷰에서 미셸 콴은 말했다.

"인생에는 그냥 받아들여야 하는 것들이 있어요."

지금 시대에 운명을 믿는 사람은 많지 않다. 이를테면 누군가 '당신은 모월 모일 죽을 운명이오.'라고 해도 그 말을 믿는 사람은 없다. 왜냐하면 지금 당장 소주 세 병을 비우고 운전대를 잡는다면 운명은 즉시 바뀔 테니까.

사람들은 스스로 운명의 방향키를 쥐고 있다고 믿는다. 누구와 결혼할지 무슨 일을 하게 될지 얼마나 돈을 벌고 성공하게 될지, 모든 것은 현재의 내가 어떤 가치를 선택하고 무엇을 했는가에 따라 얼마든지 달라질 수 있다.

한편, 과학자들의 말에 의하면 우리에게는 운명을 선택할 수 있는 능력이 없다고 한다. 인간의 뇌는 선택 이전에 이미 반응한다. 결정한 다음 행동하는 것이 아니라 반대로 뇌의 생화학적인 반응에 따라 움직이는 것일 뿐 인간의 자유 의지란 환상에 불과하다는 것이다.

이러한 연구는 운명을 바꿀 수 있다고 믿었던 인류에게 충격과 혼란을 가져다 주었다. 세상의 모든 것이 이미 결정되었다면 우리는 열심히 살아야 할 이유도 없고 자기 행동에 책임을 질 필요도 없기 때문이다.

알랭 드 보통의 『공항에서 일주일을』은 런던 히스로 공항의 소유주로부터 탑승객들이 가장 많이 모여드는 터미널 5에 머물면서 그곳에 대한 글을 써보는 것이 어떻겠냐는 제의로 출간되었다. 덕분에 그의 에세이는 필요 이상으로 훌륭한 히스로 공항 홍보 책자가 되었다. 우리는 공항 카페테리아의 풍경과 활주로를 따라 이륙하는 대형 여객기를 바라보며 느끼는 작가의 강렬한 감정에 공감할 수 있다.

하늘로 날아오르는 유선형의 거대한 동체와 110층 건물 조망대에서 바라보는 대도시의 지평선과 목성으로 보내진 탐사선의 소식은 알랭 드 보통의 표현대로 우리 종의 도전이 인간의 영역을 넘어 죽음과 생명과 시간과 운명을 지배하게 될 것이라는 경이로움을 안겨준다. 한편, 이런 경탄과 우월감은 아이러니하게도 각각의 개인을 원대한 모눈종이 위의 둥글고 작은 티끌 정도로 만들어버린다. 인체를 이루는 세포처럼 끊임없이 생성되고 소멸하는 수많은 개체를 뒤로하면서 인류는 어딘가 정해진 것 같은 궤도를 따라 진화한다. 그와 함께 나 자신도 달라진다. 우리의 위대한 성과에 고무되어 무엇이든 가능하다고 믿었던 시대가 있었다. 하지만 자신의 노력으로 무엇이든 가능하다는 말은 믿기 어렵다. 자수성가한 이들은 자신의 성공에 정당하고 필연적인 이유가 있다고 믿고 싶어 하지만, 상속받은 성공과 마찬가지로 그들의 성공 역시 어떤 식으로든 우연한 행운에 의지한다.

우리는 분명한 한계를 가진 불완전한 존재로 필멸의 운명을 짊어지고 태어난다. 우리가 타인의 인생을 함부로 평가할 수 없는 것은 삶이 그렇게 공평하지 않고 신의가 두텁지도 않다는 것을 알고 있기 때문이다. 우리가 평가할 수 있는 것은 삶의 결과가 아니라 오직 삶의 과정에서 드러나는 그 사람의 태도뿐이다.

HOMEROS

아킬레우스는 죽을 수밖에 없는 운명으로 태어난 고대 그리스 영웅이다. 전쟁을 통해 자신의 위대함을 증명하고 있었던 그에게 가장 절실한 문제는 자신의 상반된 운명이었다.

그는 어머니 테티스로부터 두 개의 삶에 대한 예언을 듣는다. 바로 젊은 나이에 트로이 전쟁에서 죽어 불멸의 명성을 얻는 것, 다른 하나는 전쟁을 피해 고향에서 영웅이 아닌 평범한 남자로 늙어가는 것. 아킬레우스는 셰익스피어의 햄릿처럼 초자연적인 존재(햄릿은 유령 아버지에게, 아킬레우스는 여신 어머니에게)의 계시를 받고 자신의 운명을 선택해야 했다. 인간적인 고뇌와 분열을 거듭했던 햄릿과 달리 아킬레우스는 주저하지 않고 자신의 운명을 받아들인다.

트로이 전쟁은 황금 사과를 둘러싼 헤라와 아테나, 아프로디테 세 여신의 갈등에서 비롯되었다. 트로이 프리아모스 왕의 아들 파리스는 세상에서 가장 아름다운 여인을 주겠다고 한 아프로디테에게 황금 사과를 건넸는데 그 여인이 바로 스파르타의 왕비 헬레네였다.

결혼 전 헬레네에게는 수많은 구혼자가 있었다. 당시 헬레네의 아버지 틴탈레오스는 구혼자들에게 누가 헬레네의 남편이 되든지 어려운 일이 생기면 반드시 돕겠다는 맹세를 하게 만들었다. 소싯적 미인에게 눈이 멀어 돌이킬 수 없는 약속을 했던 그리스 영웅들은 헬레네의 남편 메넬라오스와 그의 형 아가멤논이 트로이와 전쟁을 일으키겠다고 원군을 요청하자 무척 난감해했다. 특히 오디세우스와 아킬레우스가 끝까지 미적거렸는데 오디세우스는 미친 사람 행세까지 하는 눈물겨운 노력에도 불구하고 아내 페넬로페를 뒤로한 채 전쟁에 참여했다.

오디세우스는 여장을 하고 숨어 있던 아킬레우스를 찾아내 함께 트로이로 향했다.

트로이 전쟁은 10년 동안 계속되었지만, 호메로스의 『일리아스』는 트로이 전쟁의 모든 과정이 아닌 불과 며칠 동안 벌어진 사건을 다루면서 역사가 아닌 인간에게 초점을 맞춘다.

『일리아스』의 두 영웅 아킬레우스와 헥토르는 여러 면에서 대조적이었다. 아킬레우스는 젊었다. 소년기에 전쟁에 참여해 전장에서 성장한 그는 그리스의 가장 뛰어난 영웅이었지만 감정에 따라 행동하는 무모한 청년이었다. 교만한 성미로 동료 지휘관들과의 불화가 끊이지 않았다.

반면 트로이의 헥토르는 모범적인 남편이자 아버지였다. 프리아모스 왕의 맏아들로 전쟁의 불씨를 제공한 파리스의 형이기도 했다. 마지막까지 분노로 인해 극단적인 선택을 하는 아킬레우스와 달리 헥토르는 책임감 있게 자신의 의무를 다한다. 그는 파리스를 원망하면서도 동생에게 쏟아지는 비난에 가슴 아파한다. 트로이의 여인들은 늙은 아버지와 무책임한 동생을 대신해 혼자 트로이를 지키는 그에게 찾아와 남편과 아들과 남자 형제의 안부를 묻는다. 아킬레우스와 헥토르, 두 영웅은 모두 트로이 전쟁에서 죽었다.

고대 그리스 비극은 '가혹한 운명과 마주한 인간'이라는 주제를 사랑했다. 인간의 불완전함이 어떻게 파국으로 치닫는지, 동시에 비극을 맞이하는 개인의 태도를 보여주었다.

우리는 신탁과 운명에 더는 공포를 느끼지 않는다. 신의 존재와 내세는 사라졌다. 죽음이란 육체라는 정교한 동체의 전원이 꺼지는 것과 다름없다. 운명이란 마음만 먹으면 충분히 만들어낼 수 있는 노력의 결과물이다. 하지만 누구라도 삶의 한순간 뜻하지 않은 급류에 휩쓸려 절망할 때가 있다. 그 순간이 되면 자신을 둘러싼 환경의 방향성과 타인의 방향성과 물리적인 방향성으로 꼼꼼하게 작성된 거대한 운명의 계획을 고쳐보겠다는 시도가 얼마나 무모한지 알게 된다. 바꿀 수 있는 것은 오직 한 가지, 자신의 방향성뿐이다. 비극은 그 앞에 서 있는 사람의 방향성 다시 말해 그 태도를 선택한 자신이 누구인지를 극명하게 보여준다.

아킬레우스도 연약한 인간과 마찬가지로 운명의 좁은 선택지에서 벗어나지 못한다. 그러나 아무런 갈등을 느끼지 않는 아킬레우스의 태도는 그가 가진 초인간적인(혹은 비인간적인) 면모를 보여준다. 동시에 『일리아스』에 등장하는 신들의 존재 즉 신성(神性)이 과연 무엇일까 생각하게 한다.

친구이자 시종이었던 파트로클로스가 전사하자 아킬레우스는 극도의 분노에 휩싸여 다시 전장으로 향한다. 아킬레우스가 참전하면서 그때까지 지켜만 보고 있었던 올림포스의 신들도 전투에 뛰어든다.

신들은 각자의 이해관계에 따라 트로이와 그리스 편으로 갈라섰는데 아테네는 원래 트로이의 수호 여신이었지만 황금 사과를 차지하지 못한 울분 때문에 그리스 편에 섰다. 헤라도 포세이돈, 헤파이스토스와 함께 그리스군을 도왔다. 전쟁의 신 아레스와 아폴론, 아르테미스, 아프로디테는 트로이 편에서 싸웠다. 제우스가 던진 천둥과 벼락이 전장을 아수라장으로 만들고 아킬레우스는 닥치는 대로 트로이인들을 살육한다.

결국 헥토르도 그의 손에 죽임을 당한다. 그래도 분이 풀리지 않자, 아킬레우스는 헥토르의 시신을 전차에 매달아 파트로클로스의 무덤을 세 번이나 돈다. 늙은 프리아모스 왕의 간청에 아킬레우스가 마음을 풀고 헥토르의 시신을 내어주면서 『일리아스』는 막을 내린다.

사랑하는 나의 삶에게

『그로칼랭』 로맹 가리

그런 사고가 종종 있다고 한다. 원래 고양이가 바늘을 잘 삼킨다고, 그냥 내버려두면 내장 어딘가가 찔려 죽을 수도 있으니까 빨리 병원으로 데려와 엑스레이를 찍어보라고 전화를 받은 동물 병원 직원이 말했다.

바느질하던 천을 치워놓고 서둘러 두 마리 고양이를 이동장에 한꺼번에 밀어 넣었다. 여름용 이불을 만들던 중 잠깐 한눈을 팔았다. 컴퓨터 화면으로 눈을 돌려 메일을 확인하는 정말 잠깐이었다. 그 사이 실이 끊겨 있었고 실 끝에 달린 바늘도 사라졌다. 천을 털어내고 침대 밑이며 책장 사이를 몇 번이나 뒤졌지만 도무지 찾을 수 없었다. 앙쯔와 밋쯔 두 마리 고양이에게 눈길을 돌리자, 녀석들은 아무것도 모른다는 순진한 표정을 지어 보였다. 할 수 없이 두 마리 모두 엑스레이를 찍어야 했다.

문진실에서 만난 수의사는 의사라기보다는 영업 사원 분위기를 물씬 풍겼다. 원장이라고 적힌 명찰을 달고 있는 그는 고양이를 키우는 사람이 실이나 바늘을 아무렇게나 두는 것은 몹시 부주의한 행동으로 앞으로는 조심해야 한다는 이야기를 상당히 길게 늘어놓았다. 그러고는 두 마리 고양이 중에 어느 쪽이 더 온순한지 물었다. 열세 살의 페르시안종 앙쯔는 짧고 새하얀 털을 가진 길고양이 출신 밋쯔에 비해 몸집도 작고 동물 병원을 드나든 경험도 많았다. 원장은 고양이 눈만 봐도 먼저 엑스레이를 찍어야 할 녀석이 누군지 알 수 있다면서, 그렇지만 이동장을 향해 충분한 거리를 두고 얼굴을 가저가더니 마치 범인을 색출하는 것처럼 고양이들의 안색을 살피다가 앙쯔를 지목했다.

엑스레이실은 치료실 안쪽에 있었다. 앙쯔는 작은 담요에 둘둘 싸여 수의사와 직원들이 개들을 진료하느라 분주한 공간을 가로질러 엑스레이실로 향했다. 10분 뒤 밋쯔도 똑같이 그 방으로 직행했다. 이 일이 그저 착각으로 인한 해프닝일 뿐 알고 보니 바늘은 화분 주변 어디엔가 놓여 있는데 그것을 눈앞에 두고도 몰랐다는 전개를 간절하게 바라고 있을 때 원장이 바늘 모양이 선명하게 찍힌 엑스레이 사진을 모니터로 보여주었다. 바늘을 삼킨 것은 밋쯔였다.

고양이의 위장 속에 있는 바늘을 꺼내려면 개복 수술을 하거나 내시경으로 확인하면서 식도로 꺼내야 했다. 광고 회사 간부를 연상시키는 원장과 달리 키가 작고 한눈에도 의사다운(피로와 예민함이 만성적으로 얼굴에 배인) 남자가 엑스레이 사진을 응시하다가 식도로 직접 꺼내기에는 바늘 위치가 다소 위험하다고 말했다. 위험을 감수하느니 그냥 수술하는 게 좋겠다면서 비교적 간단한 수술이라 30~40분밖에 걸리지 않지만 그래도 3일은 입원해야 한다고 했다. 그러고는 곧바로 2층 수술실로 올라가 버렸다.

방금 수술실에 들어간 개가 나올 때까지 두 시간을 더 기다려야 했다. 그 사이 밋쯔는 설명을 들어도 제대로 기억할 수 없는 온갖 검사를 받고 피를 두 번이나 뽑았다. 원장은 혈관이 잘 잡히지 않는다며 밋쯔의 앞다리를 여러 번 찔렀다. 한참이 지나고 진정제를 맞은 밋쯔는 또다시 담요에 싸여 수술실로 올라갔다. 밋쯔가 수술을 받는 동안 나는 수납을 하고 앙쯔를 집에 데려다 놓기로 했다. 병원 데스크에서 받은 영수증에는 여름 이불 따위 열 개도 넘게 살 수 있는 금액이 찍혀 있었다.

한 시간 후 다시 병원으로 돌아와 엑스레이실 옆에 있는 고양이 입원실로 향했다. 입원실이라고 해봤자 케이지가 여러 층 쌓여 있는 좁은 모퉁이 공간이었다.

그 앞에서 원장은 밋쯔의 몸에서 꺼낸 바늘을 보여주었다. 수술을 집도한 젊은 여자 수의사는 위 속에서 바늘과 함께 실도 바늘만큼 위험하므로 함께 꺼냈다면서 수술은 깔끔하게 끝났고 절개 부위도 크지 않다고 했다. 작은 트레이에 놓인 바늘과 실에는 위액에 섞인 음식 잔여물이 묻어 있었다.

믿쯔는 케이지 안에서 죽은 것처럼 늘어져 있었다. 감겨 있는 눈 주위가 축축했고 벌어진 입으로 혀가 조금 나와 있었다. 작은 담요를 반쯤 걸치고 있었는데 케이지 철장 사이로 얼굴을 만져주니까 눈꺼풀을 조금씩 움직였다. 집도의는 아직 마취에서 깨어나지 않아 일부러 담요를 반만 덮어주었다며 제대로 숨을 쉬는지 배가 오르락내리락하는 것을 지켜봐야 한다고 했다. 밝은 갈색으로 염색한 곱슬머리에 아직 앳된 얼굴이 상냥한 의사였다.

텅 빈 이동장을 들고 온종일 여러 번 오갔던 길을 다시 걸었다. 오피스텔까지는 걸어서 십오 분 정도, 버스로 한 두 정거장 거리였다. 버스를 기다릴까 하다가 계속 걷기로 했다. 높은 주상 복합건물 옆으로 널찍한 8차선 도로가 작은 가게들과 카페 그리고 식당들이 조밀하게 몰려 있던 골목과는 또 다른 느낌을 주었다. 마침, 하늘이 드물게 맑고 선명했다. 모든 사물이 하나하나 분명하게 다가오는 이런 날은 흔치 않다.

도시에서 봄날의 하늘은 잃어버린 것이나 다름없다. 눈이 부시게 햇살이 따사로운 날에도 하늘은 오랫동안 청소하지 않은 유리창처럼 탁한 색을 띤다. 그 흐릿함이 이것도 저것도 아닌 아무런 의견도 없는 유령처럼 차도로 골목으로 건물 안으로 사람들 사이로 내려와 우유부단하고 커다란 먼짓덩어리로 부유한다. 모호하고 불확실한 봄이 지나고 여름이 가까워지면서 비로소 무신경하고 무감각하게 엉겨 붙어 있던 사물들이 멍한 시선에서 벗어나 자신을 자각하기 시작한다.

퇴근 시간이 지나자 역 주변은 사람들로 빈틈없이 채워졌다. 그들은 각자의 목적지로 향했다. 누군가를 기다리면서 역 주변을 서성이거나 아니면 어딘가에 속한 마음을 따라 단호하게 걸음을 옮겼다. 바깥까지 테이블이 놓인 노천 식당은 벌써 고기를 굽는 사람들로 채워졌다.

그들 위로 하늘이 색을 바꾸고 있었다. 조금씩 다르게 보이는 오묘한 빛깔은 흩어졌다가 다시 모이면서 점점 선명하고 대담한 핑크색과 산호색으로 변해갔다. 더욱 짙어지는 저녁 무렵의 색채가 사람들의 얼굴에 내려앉았다. 그 빛이 주변으로 번지며 모든 사물을 분명하고 생기 있는 존재로 만들었다. 심지어 낡고 침울한 오피스텔 건물까지 낭만적으로 보였다.

집으로 돌아오니 불안감이 가시지 않았는지 침대 밑으로 들어간 앙쯔가 도무지 나오지 않았다. 밋쯔가 사라진 방이 낯설었다. 롤스크린을 전부 올리고 의자를 창 앞으로 끌어당겨 해가 완전히 질 때까지 합정동 골목을 바라보았다.

모든 것이 이처럼 선명한 날, 나는 희뿌연 먼지처럼 존재감을 잃어가고 있었다. 오피스텔 창문과 그 너머로 보이는 도시의 건물들과 그 사이를 지나는 사람들과 그들의 강아지와 장밋빛 하늘이 또렷하게 보이는 이 명징한 세상에서 흐릿한 나를 일깨워주는 것은 두 마리 고양이뿐이었다.

앙쯔와 밋쯔와 나. 우리는 얼마 지나지 않아 이곳을

떠나 새로운 도시로 향할 것이다. 우리가 어디에 도착해서 누구와 만나게 될지 상상할 수 없었다. 나의 인생에 가치 있는 무엇이 있다면 그건 바로 내 옆에 있는 두 마리 고양이인지도 모른다는 생각이 들었다. 아무것도 짐작할 수 없지만 나의 고양이들과 함께 있다면 아무래도 상관없을 것 같았다.

멀리 강물의 끝과 남산 너머의 하늘로 시선을 돌렸다. 보통의 하루와 크게 달라 보이지 않는 그런 날이었다.

적어도 3일 이상 병원에서 지내야 했던 밋쯔는 마취에서 깨어나자마자 엄청난 충격으로 넋이 나간 듯 꼼짝도 하지 않았다. 심지어 눈동자와 솜털조차 미동하지 않았다. 화장실도 가지 않고 밥도 먹지 않고 아무리 불러도 반응을 보이지 않자, 수의사들은 잔뜩 긴장했다. 입원은 즉시 취소되었다.

집으로 돌아온 밋쯔는 수술 부위의 통증에도 불구하고 병원에서 씌워준 플라스틱 목 보호대를 벗겨내려고 긴 사투를 벌였다. 할 수 없이 무거운 병원용 목 보호대

대신 인터넷에 올라와 있는 방법 그대로 부직포를 꽃 모양으로 오려 씌워주었다. 여전히 못마땅한 것 같았지만 그래도 방 안을 데굴데굴 구르며 온갖 난리를 피우는 것만큼은 막을 수 있었다. 일주일 뒤 밋쯔는 복부에 남아 있던 실밥을 무사히 뽑았다.

ROMAIN GARY

 로맹 가리 또는 에밀 아자르라는 작가를 알지 못했던 나는 『그로칼랭』이라는 소설을 읽고 곧 매료되었다. 도대체 이 작가는 누구일까. 우리는 모두 헤밍웨이의 소설을 읽지 않지만, 어니스트 헤밍웨이라는 이름을 알고 있다. 그런데 왜 로맹 가리라는 이름은 들어본 적이 없을까.

 독자 투고를 통해 에밀 아자르의 『그로칼랭』을 처음 받아본 당시 프랑스 출판사의 관계자들도 똑같은 생각을 했다. 다만 그들 중 레몽 크노만이 신인의 작품으로 보기에는 너무나 능숙하고 독창적인 솜씨라서 분명 이름을 숨긴 동료 작가의 농가이 섞여 있을 것이라는 의심을 했다. 원고와 함께 보내온 편지에는 에밀 아자르가

불법 낙태 수술로 프랑스에서 쫓겨나 남미에 살고 있는 의사라고 소개되어 있었다. 물론 거짓말이었다.

1974년 신인 작가 에밀 아자르가 첫 책 『그로칼랭』을 출간했을 때 로맹 가리는 이미 1956년 『하늘의 뿌리』로 프랑스 공쿠르상을 받은 중견작가였다. 『그로칼랭』이 세상에 나오기 직전 그는 이미 자신의 신분을 숨기고 '포스코 시니발디'라는 가명으로 『비둘기를 안은 남자』라는 소설을 출간했다. 포스코 시니발디와 달리 에밀 아자르가 로맹 가리와 동일 인물이라는 사실은 로맹 가리 사후에 밝혀졌다. 덕분에 로맹 가리는 작가에게 딱 한 번만 수여되는 공쿠르상을 두 번 받은 전무후무한 작가로 남았고(『자기 앞의 생』으로 두 번째 공쿠르상을 받았다) 그가 왜 말년에 자신의 정체를 숨기고 에밀 아자르라는 익명을 사용했는지 명확하게 설명할 수 있는 사람도 세상에서 사라졌다.

『가짜』는 에밀 아자르의 자서전이다(국내에서는 『가면의 생』이라는 이름으로 출간되었다). 로맹 가리는 『가짜』를 집필하기 전부터 에밀 아자르 역할을 완벽하게 수행하고 있던 조카 폴 파블로비치에게 전화를 걸어 에밀 아자르의 자서전을 마음대로 쓰겠다고 몇 번이나 말했다.

한편, 그는 에밀 아자르의 모든 작품을 로맹 가리가 썼으며 자신은 대리인에 불과하다는 자술서에 폴의 서명까지 받아놓았다. 『그로칼랭』의 저자가 자신이라는 증거를 남기기 위해 자필로 쓴 원고를 비서에게 타이핑하게 했고 편집자 클로드 갈리마르의 사촌 로베르 갈리마르에게 미리 사실을 밝혀 증인을 확보해 두었다.

또 다른 자신을 만들기 위한 그의 행적은 작가의 고약한 취미라고 하기에는 너무나 철저하고 완벽했다. 왜 그렇게까지 허구의 인물을 만들기 위해 몰두했는지 기이하게 느껴질 정도다. 일곱 살 연상이었던 로맹 가리의 첫 번째 부인 레슬리 블랜치는 매번 다른 모습을 연기하는 영화배우처럼 완벽한 옷차림으로 파리를 거니는 그를 가리켜 그것이 진짜 로맹 가리를 감추기 위한 한 편의 연극이라고 말했다.

그의 이름 '로맹 가리'도 진짜가 아니다. 그의 본명은 로맹 카체브. 모스크바에서 태어나 리투아니아 빌노와 폴란드 바르샤바를 거쳐 프랑스에 정착한 유대계 프랑스인이었다. 그의 어머니 니나 카체브는 모스크바에서 연극배우로 활동하다가 그를 낳았다. 로맹 가리의 어린 시절은 극도의 빈곤과 유대인에 대한 멸시로 점철되어 있었지만 그의 자전적 소설에서는 그런 내용을 찾을 수 없다.

『그로칼랭』의 미셸 쿠쟁은 파리에서 사는 서른일곱 살의 독신 남성이다. 통계 업무를 하는 회사원인 그는 어린 시절 교통사고로 부모를 잃었고, 친지도 가까운 친구나 선후배도 없으며 같이 일하는 동료와도 데면데면하다. 성격이 냉정해서가 아니다. 오히려 모든 사람에게 친밀함을 느끼며 가깝게 다가가려고 하지만 번번이 오해를 사기 일쑤다.

그는 아프리카로 단체 여행을 떠났다가 그곳에서 본 아프리카 비단뱀에게 마음을 빼앗겨 파리의 아파트로 뱀을 데리고 온다. 220센티미터가 넘는 비단뱀에게 그로칼랭, '열렬한 포옹'이라는 뜻의 이름을 지어주고 작은 생쥐나 기니피그를 먹잇감으로 가져온다. 하지만 그 먹잇감과도 어쩔 수 없는 공감이 생겨 차마 먹이로 주지 못하고 함께 기른다. 비단뱀과 산책을 하고(결국 경찰이 출동했지만) 비단뱀과 찍은 사진을 가족사진이리며 보여주기도 하고 비단뱀은 천성적으로 붙임성이 좋아서 착착 감긴다고 말하는 그에게 주변인들은 이상한 눈길을 보내며 치료를 권한다. 그들은 쿠쟁이 비단뱀과 생쥐가 아닌 사람에게 애정을 쏟아야 한다고 생각한다.

쿠쟁에게는 남몰래 짝사랑하는 여인이 있다. 같은 회사에 근무하는 기아나 출신의 아름다운 흑인 여성 드레퓌스다. 그녀는 쿠쟁이 사랑을 고백하려는 시기에 맞춰 회사를 그만두고 기아나로 돌아간다.

낙담한 쿠쟁은 습관처럼 창녀촌으로 향하는데 놀랍게도 그곳에서 드레퓌스와 재회한다. 알고 보니 그녀는 기아나로 돌아간 것이 아니라 몸을 팔기 위해 사표를 냈을 뿐이었다. 그런 드레퓌스에게 쿠쟁은 같이 살자는 제안을 하지만 그녀는 독립된 존재로 자유롭게 살고 싶다고 말한다.

그녀를 뒤로하고 집으로 돌아오면서 쿠쟁은 그로칼랭을 아클리마타시옹 공원에 데려다주기로 한다. 그리고 쿠쟁 스스로 그로칼랭이 되어버린다.

생쥐를 삼키는 쿠쟁의 모습을 본 이웃들은 기겁하며 그를 정신병원에 입원시킨다. 쿠쟁은 퇴원하기 위해 억지로 인간이라는 허물을 입는다. 다시 일상으로 돌아가 통계 업무를 하고 정해진 대로 관행을 지키자, 문제는 사라지고 아무도 그에게 관심을 두지 않는다. "자노, 당신이야?"라는 잘못 걸린 전화를 받을 때도 자노가 되면 그만이었다. 파리 같은 대도시에서는 흔한 일이었다. 쿠쟁은 인간의 형상을 가진 자신의 피부밑에 그로칼랭의 비늘이 있다고 생각한다.

쿠쟁이 부재한 누군가를 대신해 바로 그 대상이 된다는 전개는 로맹 가리의 실제 삶과 무척 닮아 있다. 로맹 가리가 에밀 아자르의 모습을 뒤집어썼던 것처럼 소설 속 쿠쟁은 비단뱀 그로칼랭으로 살기 원한다. 그는 봄날의 도시를 부유하는 흐릿한 유령과 다를 바 없는 자신의 허물을 벗고 자신의 존재를 또렷하게 만들어 주는 대상으로 변모한다.

로맹 가리의 어머니 니나 카체브는 우리나라 어머니들과 유사한 방식으로 아들을 양육했다. 그녀는 남편도 없이 홀몸으로 외아들 로맹을 키우면서 오직 그를 위해 모든 삶을 바쳤다. 가장 미천한 일도 마다치 않았고 유대인 동포들과 어울리지도 않았고 고급 테니스 클럽에 막무가내로 떼를 써서 아들을 들여보내기도 했다. 그녀는 자신이 이루지 못한 야망을 로맹이 대신 이뤄줄 거라고 굳게 믿었다. 내 아들은 장차 위대한 인물이 되어 자신을 자랑스럽게 만들 것이라고 말하는 모친의 존재가 로맹 가리에게는 수치스러우면서도 어디에도 비교할 수 없는 사랑의 원천이었다.

스물여덟 살의 로맹 가리가 공군 장교로 제2차 세계대전에 참전 중이던 1942년 니나 카체브는 아들의 성공을 누리지 못하고 세상을 떠났다. 그녀가 남긴 노트에는 죽기 직전까지 아들에게 쓴 편지가 빼곡하게 적혀 있었다. 그 후 로맹 가리는 어머니가 원했던 그대로 위대한 인물이 되기로 마음먹는다. 그는 어머니처럼 연기를 하는 미국 여배우 진 시버그와 결혼했고 1980년 12월 2일 파리에서 권총 자살로 생을 마감했다.

책방으로 가다

『소송』 프란츠 카프카

　합정역 바로 앞에 있는 15층 건물의 오피스텔은 예전에 살았던 광화문 오피스텔과 별반 다르지 않았다. 비슷한 시기에 지어져서 그런지 전용면적, 원목 바닥이나 붙박이장 같은 건축 자재, 공간 귀퉁이의 보일러실, 조금밖에 열리지 않는 창문까지 판박이 같았다. 차이가 있다면 입주했던 그해 막 완공되었던 광화문의 오피스텔과 달리 지은 지 12년이 지난 합정역 오피스텔은 오래된 붙박이 가전제품이 이미 수명을 다해버렸다는 것이다. 이사하자마자 냉장고에서 물이 뚝뚝 떨어졌고 세탁기는 버튼을 여러 번 눌러야 전원이 들어왔다. 자꾸 벌어지는 에어컨 상판은 스카치테이프로 고정했다. 임대업에 이골이 난 집주인은 아랑곳하지 않는 것 같았다.

건물 1층에서는 음식 배달원과 택배 기사와 입주자들이 두 대밖에 없는 느려터진 엘리베이터를 한없이 기다렸다. 진정한 짜증을 불러일으키는 것은 형편없는 방음 시설이었는데 오피스텔의 벽간 소음은 혈류를 롤러코스터처럼 만드는 온갖 사건의 원흉이었다.

탁 트인 전망이 유일한 장점이었다. 롤스크린을 올리면 창밖으로 미로 같은 골목과 낮은 상점 건물들, 발전소의 굴뚝과 한강을 감싸는 도로, 그리고 넓은 하늘이 보였다. 그곳에서 지낸 4년 동안 나는 오피스텔 바로 앞에 있는 국숫집에서 포장 음식을 주문하고 빵 가게와 대형 마트를 들락거렸다. 언제든 조금만 걸어나가 서울 시내 두 군데 영화관에서만 상영하는 독립 영화를 관람하거나 동네 서점에 들러 디자인 전문 서적을 뒤적거리거나 카페에서 몇 시간씩 책을 읽을 수 있었다.

    회사를 그만둔 후 나는 은둔하는 까마귀처럼 틀어박혀 집 밖을 나서지 않으려고 했다. 그러나 삶은 절대로 우리를 그냥 내버려두지 않는 법이라서 매일 아침 억지로 몸을 일으켜 세워야 했다. 석연치 않은 소리가 오피스텔 벽을 통과하고 있었기 때문이었다. 그 소리는 말 그대로 석연치가 않았다. 어떻게든 고통을 주겠다는 결연함이 있었다고 할까. 쿵쿵거리는 소리, 무언가를 내리치는 소리 등 도대체 왜 저러는 것인지 알 수가 없었다. 어찌나 시끄러웠는지 아래층 몇 집에서 참다못해 오피스텔 관리실에 민원을 넣었다. 성실한 경비 아저씨는 12층과 13층, 그리고 14층의 모든 세대를 일일이 탐문했다. 하루에도 몇 번씩 초인종을 누르는 경비 아저씨에게 옆집 남자는 그런 소리를 들은 적이 없다고 딱 잡아뗐지만, 어떻게든 범인을 잡고야 말겠다는 경비 아저씨의 의지가 담긴 경고문이 엘리베이터에 붙자 굉장한 데시벨로 울려대던 새벽의 파열음은 사라졌다.

소음을 피하고자 나선 집 주변에는 시간을 때울만한 장소로 넘쳐났다. 그 동네에는 골목마다 카페가 늘어서 있었다. 출판사에서 운영하는 카페도 있었고 왜 이렇게 사람이 많을까 의문스러운 스타벅스도 세 군데나 되었다. 작은 책방들도 있었다. 책을 파는 가게지만 한쪽에 마련된 테이블에서 커피를 마실 수 있었다. 내가 자주 들락거렸던 곳은 2층에 카페를 함께 운영하는 어느 책방이었다. 양쪽 벽면을 커다란 책장으로 마감한 그곳에는 언제나 노트북이나 공책을 앞에 두고 혼자 앉아 있는 사람들이 있었다. 테이블과 의자를 잡아 빼는 소리, 바스락거리며 종이를 넘기는 소리, 이따금 내용을 알아들을 수 없는 작은 말소리들이 끊이지 않고 들렸지만, 오히려 평화로웠다. 백색 소음과 유리 머그잔에 담긴 오렌지색 자몽차 한 잔이 흔치 않은 기쁨을 가져다주면서 동시에 사는 것에 대한 고단함도 함께 일깨웠다.

정말이지 삶이란 억지로 해야 할 일과 참아야 할 일이 차례대로 늘어서 있는 것 같다. 이런 피곤한 일이 해결되면 저런 짜증 나는 일이 생겼다. 오피스텔의 소음

말고도 나를 괴롭히는 것은 꼬박꼬박 날아오는 온갖 고지서와 함께 잔뜩 쌓여 있었다.

"행복이란 녀석은 내 주소를 아예 잊어버렸나 봐요."

어떤 소설에서 읽었던 이 말이 화장실 변기에 무언가를 빠뜨릴 때마다 자꾸 생각났다. 어느덧 햇살이 길게 늘어졌고 카페 안은 새로운 사람들로 채워졌다. 옆 테이블에는 머리를 질끈 묶은 여자가 심각한 표정으로 『민법전』이라는 책과 한 무더기의 복사 용지를 앞에 두고 필기를 하고 있었다.

오래전 텔레비전에서 방영했던 미국 드라마 〈X-파일〉의 어느 에피소드가 떠올랐다. 〈X-파일〉 시리즈는 FBI 요원 멀더와 스컬리가 외계인에 관한 숨겨진 음모를 추적해 나간다는 것이 큰 줄거리였다. 방영 초기에는 동화나 전설에 기초한 판타지적 에피소드도 있다. 그중에 램프의 요정 지니가 등장하는 에피소드가 있는데 의문의 죽음을 조사해 보니 그 배후에 지니가 있었다는 〈X-파일〉치곤 어쩐지 귀여운 설정이다.

램프를 소유하게 된 멀더는 소원으로 무엇을 말할까

고민하다가 지니에게 되묻는다. 당신이라면 어떤 소원을 빌겠느냐고. 10대 펑크 소녀 같은 모습의 요정 지니는 예상치 못한 질문에 잠깐 머뭇거리다가 노천카페에 앉아 카페라테를 마시면서 지나가는 사람들을 구경하고 싶다고 대답한다. 그녀는 돈이나 명예를 꿈꾸는 램프의 주인들을 경멸하면서 그들의 소망이 파국으로 끝나는 것을 오랫동안 지켜보았다고 말한다. 에피소드 끝에서 자유의 몸이 된 지니는 햇볕이 내리쬐는 화창한 오후에 카페에 앉아 커피잔을 앞에 두고 오가는 사람을 한가롭게 바라본다.

힘들다고 여겨지는 나의 현재가 누군가에게는 평생 꿈꿔왔던 행복인지도 모른다고 생각하면 지금을 대하는 태도가 겸손해진다. 삶이란 견딜 수 없는 것이라고 진저리를 내고 있었지만 어쨌든 지금 나는 카페에서 책을 읽으면서 오가는 사람들을 느긋하게 보고 있었고, 그것은 세상 모든 사람에게 당연한 듯 주어지지 않는다.

FRANZ KAFKA

 프란츠 카프카의 소설 『변신』의 주인공 그레고르 잠자는 어느 날 아침 커다란 곤충이 되어 버린다. 그는 그 와중에도 회사에 늦을까 봐 어떻게든 침대에서 일어나려고 버둥거린다. 분명 월요일이었을 것이다. 출근하기 싫은 것은 모든 날이 다 똑같지만, 차라리 벌레로 변하고 싶은 심정이라면 역시 월요일 아침이다. 오직 생계비를 벌기 위한 일을 하면서 내 영혼이 소진되고 있다는 것을 느낄 때마다 나는 프란츠 카프카를 떠올린다.

 프란츠 카프카는 프라하의 보험 공단에서 무려 14년 동안 근무했다. 카프카의 직장 생활은 원만했다고 전해진다. 동료들은 그를 좋아했고, 상사도 그의 능력을 높이 평가했다. 하지만 프란츠 카프카에게 삶이란 그저 견뎌야 하는 것에 불과했을 것이다.

카프카는 평생 세 번 약혼했다가 세 번 모두 파혼했다. 글을 쓰는 일이 삶의 유일한 탈출구였던 그에게 결혼 생활은 자신의 재능을 파괴할지도 모르는 두려움이었다. 건강에 대한 염려증도 지나쳤다. 약해빠진 자신의 몸이 어떻게 음식물을 소화하고 피를 돌게 하는지 알 수 없다고 여겼다. 작가로서 정신적 혼란은 말할 것도 없었다. 그런데도 죽기 2년 전까지 꼬박꼬박 출근했다.

늘 병가를 내려고 애썼던 카프카는 연금을 받을 수 있게 되자 비로소 퇴직했다. 오랜 직장 생활의 대가로 받는 돈은 매달 1,000크로네였고 그는 그 돈으로 얼마 남지 않은 생을 병마와 싸우며 보냈다. 죽기 1년 전에 만난 마지막 연인 도라 디아만트가 송장처럼 말라버린 그의 마지막을 지켰다.

프란츠 카프카는 마흔한 살에 폐결핵으로 세상을 떠나기 직전 친구 막스 브로트에게 자신의 원고와 일기를 모두 불태워달라고 부탁했다. 그러나 브로트는 카프카가 죽은 지 두 달 만에 그의 유작을 출간했다. 카프카의 대표작 『소송』과 『성』은 그의 유언이 지켜지지 않은 바람에 살아남은 원고들이다.

1939년 나치가 체코 국경을 폐쇄하기 불과 5분 전, 막스 브로트는 카프카의 유고를 챙겨 팔레스타인으로 향했다. 그는 훗날 비서이자 연인이었던 에스터 호페에게 카프카의 원고를 물려주었는데 브로트 사망 6년 후인 1974년, 이스라엘 국립도서관이 카프카의 원고에 대한 권리를 주장하면서 에스터 호페를 상대로 40년 가까이 계속된 끈질긴 법정 공방을 시작했다. 소송 초기에 이스라엘 법원은 에스터 호프의 손을 들어주었지만 1988년, 『소송』의 친필 원고가 경매에 나와 독일 문학 아카이브에 팔리자 이스라엘 국민은 분노했고 결국 법원은 2019년 이스라엘 국립도서관의 소유권을 인정했다.

에스터 호페는 2007년 백한 살의 나이로 세상을 떠났다. 스위스와 텔아비브의 여러 은행 금고에 보관되어 있다고 알려진 카프카의 미공개 원고는 에스터 호페의 두 딸 에바 호페와 루스 뷔슬러가 물려받았으나 대를 잇는 고통스러운 소송은 끝나지 않았다. 기나긴 소송으로 재산을 모두 소진한 에바 호페는 궁핍한 처지에도 다시 또 항소했다. 이미 팔순이 된 그녀는 자녀도 없이 길에서 수집한 100여 마리 고양이와 살다가 2018년 사망했다.

"그건 내 거야!"

은행 금고를 개방하라는 이스라엘 법원의 명령으로 금고문이 열리자, 에바 호페는 경비원에게 끌려나가면서 그렇게 외쳤다고 한다. 카프카의 원고와 카프카의 원고를 뺏기지 않으려는 에바 호페는 종종 절대 반지와 미쳐버린 골룸에 비유되곤 한다.

프란츠 카프카의 생은 많은 부분 미스터리로 남아 있다. 카프카의 원고는 막스 브로트에 의해 1,000여 군데나 훼손되었다. 막스 브로트가 쓴 카프카의 평전 역시 상당 부분 왜곡되었다고 한다. 비평가 발터 벤아민은 카프카에 관한 가장 큰 수수께끼란 '카프카에 대해 어떤 이해도 없는 형편없는 속물이 그의 가장 절친한 친구였다는 사실'이라고 말했다.

막스 브로트는 카프카의 재능을 헌신적으로 지지했고, 그의 소설을 세상에 남기는 데 크게 기여했지만, 죽어가는 사람의 소원을 간단하게 무시할 정도로 카프카의 고통에는 공감하지 못했다.

카프카의 가까운 주변에는 이미 막스 브로트와 비슷한 인물이 존재했다. 프란츠 카프카의 아버지 헤르만 카프카는 브로트처럼 건장한 체격에 돈만 아는 무자비한 장사꾼으로 아들의 타고난 재능과 손상되기 쉬운 예민함에 전혀 신경 쓰지 않았다.

카프카가 서른여섯 살에 집필한 『아버지에게 드리는 편지』에 의하면 그의 어린 시절은 세 개의 세상으로 구분되었다고 한다. 첫 번째는 자신이 지킬 수 없는 법이 지배했던 노예로서의 세상, 두 번째는 통제와 명령 그리고 분노로 가득했던 아버지의 세상, 세 번째는 첫 번째와 두 번째 세상과 동떨어져 있는 행복한 세상이다.

카프카는 아버지의 강압과 몰이해를 혐오하는 동시

에 아버지의 요구에 부합하지 못하는 자신도 혐오했다. 이미 문단에서 인정받고 있었던 카프카였지만 편집자 로베르트 무질이 함께 일하자고 했을 때 무질에 비해 벌어놓은 재산이 하나도 없다는 사실을 비참하게 여겼다. 볼품없이 마른 자신의 몸에도 수치를 느꼈고, 고기를 먹는 자신을, 시체를 뜯어 먹는 하이에나에 비유하기도 했다.

주류 사회가 말 그대로 주류 사회인 것은 그 사회에 속한 다수가 추구하는 가치에 부합되기 때문이다. 사람들은 교육과 같은 노력을 기울여 자신의 삶을 주류 사회에 맞춘다. 그러나 세상에는 주류 사회의 규격에 잘 들어맞지 않는 소수의 이방인도 존재한다. 그들은 자신을 주류 사회에 맞춰가는 과정에서 남들보다 더 큰 어려움을 겪는다.

사람은 누구나 사회로부터 완전히 자유로울 수 없다. 하지만 어떤 사람은 사회의 요구와 시선으로부터 자기 자신을 어느 정도 떨어뜨려 놓을 수 있는 반면, 어떤 사람은 그렇게 하지 못한다.

자신답게 살기 위해 출세나 성공 같은 주류 사회의 미덕이라 여겨지는 것들 혹은 타인과의 관계를 과감하게 포기한 이들은 이방인으로 태어난 자신만의 가치를 선택한다. 그들은 사회의 평가와 주변인의 시선에 별로 개의치 않는다.

미국 작가 헨리 데이비드 소로는 1845년, 매사추세츠 주 콩코드 근처 월든 호숫가의 숲속으로 들어가 자신이 살 집을 짓기 위해 직접 도끼를 들고 목재를 구했다. 그해 여름 그는 무엇에도 방해받지 않으며 호메로스의 『일리아스』를 읽었다. 신선한 공기와 새소리, 비가 내리면 더욱 짙어지는 숲의 향기가 그의 유일한 친구였다. 그러나 모두가 그렇게 살 수 있는 것은 아니다. 어떤 사람은 이방인이면서 동시에 주변인의 기대에 어긋난 자신을 견딜 수 없어 한다.

예민한 감성을 타고난 사람은 단순하지 않은 성향을 띠고 아름다움과 고통에 민감하다. 정신적인 측면이란 그것을 타고나지 않은 사람에게 쉽게 이해될 수 있는 성질이 아니다. 카프카의 고통은 가장 가까운 주변인에게조차 이해받을 수 없었다. 그는 자신이 부적격하다고 느껴지는 세상에서 결코 벗어나지 못했다.

막스 브로트, 에스터 호페, 루스 뷔슬러, 에바 호페. 카프카의 유산을 물려받았다고 주장하는 사람들이다. 막스 브로트는 카프카보다도 먼저 책을 출간한 작가였다. 그는 카프카 사후에도 소설을 썼다. 그러나 작가 밀란 쿤데라는 카프카의 소설이 유산이 될 것을 미리 예견했을 정도로 영리한 인물이 어떻게 이처럼 저속하고 정치적으로 과격한 책을 썼는지 모르겠다고 말했다. 그가 수없이 고친 카프카의 소설도 이제는 원본에 가깝게 되돌려졌다.

에스터 호페는 막스 브로트와의 결혼을 원했지만 그렇게 되지 못했다. 그녀는 카프카의 원고를 국외로 반출하려다가 텔아비브 공항에서 체포되었다. 루스 뷔슬러는 긴 소송 중에 죽었다. 애니멀 호더로 이웃에게 참을 수 없는 괴로움을 안겨주었던 에바 호페는 혼자 남아 어머니와 아버지, 막스 브로트와 함께했던 시절이 가장 행복했노라 회상했다.

카프카가 그들에게 남긴 유산은 그의 원고가 아니라 끝까지 벗어날 수 없었던 것에 대한 고통인지도 모른다.

어느 날 카프카는 수족관에서 헤엄치는 물고기들을 물끄러미 바라보다가 중얼거렸다.

"이제부터 너를 먹지 않을 테야."

그날 이후 그는 고기를 먹지 않는 채식주의자가 되었다.

손에 잡힐 듯 선명하게 빛나는

『위대한 개츠비』 F. 스콧 피츠제럴드

운동을 해야겠다고 마음먹은 것은 30대 중후반쯤이었다. 그때까지 나는 출판사의 편집 디자이너로 근무하면서 하루가 멀다 하고 야근했다. 잔업을 당연하게 여기던 시절이라 일주일 내내 집으로 돌아가지 못할 때도 있었다. 그렇게 7~8년 정도 회사 생활을 하고 나면 다들 여기저기 아프다고 했다. 딱히 병명은 없는데 급격하게 피로해지곤 했다. 몸을 움직이는 모든 활동에 질색하던 나였지만 뭐든 할 수밖에 없었다.

어느덧 시간이 지나 요가 지도자 과정까지 이수하고 요가를 가르치게 되었지만 나는 여전히 움직이기를 싫어한다. 가능하면 손가락 하나 까딱하지 않으면서 살고 싶다. 물론 그럴 순 없기에 '10분 만이라도 움직이자'라는 억지 의무감으로 겨우겨우 요가 매트를 편다.

마음은 금방 흔들린다. 오늘부터 꾸준하게 운동할 거야, 조금만 먹을 거야, 굳게 결심하지만, 며칠 지나지 않아 금방 다른 마음이 된다. 올바르게 먹고 올바르게 운동하고, 오늘 하기로 마음먹은 일을 꼼꼼하게 마무리하겠다는 마음은 이미 머나먼 우주 어딘가로 사라진다. 그렇게 아무것도 하지 않고 하루를 보내고 나면 자책감에 휩싸여 완전히 의욕을 잃어버린다. 아무렇게나 널브러져 늦은 시간에 피자나 중국 음식을 주문한다.

사람들은 나의 마음이 곧 나 자신이라고 쉽게 착각하지만, 사실은 그렇지 않다. 나의 마음은 나의 몸과 마찬가지로 나를 이루는 하나 요소일 뿐, 나 자신은 아니다.

오히려 마음을 따라가다 보면 나 자신을 찾을 수 없게 된다. 우리는 격한 감정에 휩싸여 범죄를 저지르는 사람들을 드물지 않게 본다. 그들은 입을 모아 말했다. 너무 화가 나서 나도 모르게 그만 범죄를 저지르고 말았다고. 그 순간 자신을 잃어버린 것이다.

요가에서는 마음대로가 아닌, 자신의 의지대로 살기 위해서 '끊임없는 수련(abhyasa)'과 '집착하지 않음(vairagya)', 두 가지가 필요하다고 말한다. 요가라는 단어 자체가 '결합하다'라는 의미의 산스크리트어 '유즈(Yuj)'에서 유래한 것이다. '조화로운' '합일'로 해석하고 있지만 실은 '(말에) 마구를 채우다' '멍에를 씌워 붙들어 매다'라는 뜻에 더 가깝다. 요가의 궁극적인 목적은 몸과 마음의 고통에서 벗어나 자유로워지는 것이다. 그런데 마구를 채운다니 왜 자유가 아닌 구속이 요가의 어원이 되었을까? 과연 고통에서 벗어나 자유롭게 사는 삶이란 어떤 것일까?

우리는 각자 목적을 위해 달리는 마차와 같다. 감각

기관에 해당하는 말이 이성이라는 마부에 의해 육체의 마차를 끌고 달린다. 그리고 마차 안에 앉아 있는 사람이 바로 진정한 나 자신, 내면의 자아다. 올바른 삶이란 이성이 감각기관을 제어해 자아가 가리키는 방향으로 나아가는 것이다.

마음은 감각기관에 의해 쉽게 흥분한다. 명상을 하려고 요가 매트 위에 앉아 눈을 감을 때 어디선가 라면 끓이는 냄새가 풍기면 마음은 즉시 라면을 향해 이끌려 간다. 이내 명상 따윈 그만두고 딱 오늘만 라면을 먹기로 한다. 한번 고삐가 풀린 마음은 폭주한다. 마부(이성)가 마음을 제어할 수 없다면 말들은 이내 도로를 벗어나 멋대로 내달린다. 마차(몸)는 덜컹거리고 운이 나쁘면 나무에 부딪혀 완전히 망가진다. 그 순간 마차에 타고 있던 진짜 '나'는 사라진다.

우리의 마음은 섬세하고 복잡한 기관이다. 욕망으로 끊임없이 흔들리는 마음은 좀처럼 안정을 취하지 못한다. 이런 상태를 자유롭다고 말할 순 없다. 진정한 자유는 내가 있어야 할 바로 그 자리, 마차의 주인이 원하는 목적지로 나아갈 때 비로소 가질 수 있다. 매 순간 내가 원하는 것은 자유가 아닌 감각기관이 쫓는 자극적이고 순간적인 행복감에 불과하다. 요가는 '유즈'라는 어원 그대로 미친 원숭이처럼 날뛰는 나의 마음에 마구를 채우는 일이다.

오늘을 살기 위해 노력하지 않는 사람은 없다. 누구나 돈을 벌기 위해, 가족을 부양하기 위해, 혹은 존중받고 인정받기 위해 노력을 아끼지 않는다. 하지만 때때로 우리의 노력은 갈 길을 잃고 제멋대로 달려가기도 한다. 올바른 방향이 아니라면 노력은 손가락 사이로 빠져나가는 모래처럼 빛을 잃는다. 우리의 마차는 가야 할 곳을 향해 달리고 있을까? 마차 안의 나는 사라지고 텅 빈 마차만 제멋대로 질주하는 것은 아닐까? 분명한 사실은 나의 말들은 지금 당장 위로받고 안주하기를 좋아한다는 것과 그 말들이 도착한 목적지가 결국 나를 규정한다는 것이다.

F. SCOTT FITZGERALD

『위대한 개츠비』의 작가 프랜시스 스콧 피츠제럴드는 1940년 12월 21일, 연인 실라 그레이엄의 아파트에서 사망했다. 사인은 심장마비였다. 그의 부고가 신문에 실렸을 때 사람들은 1920년대를 풍미했던 피츠제럴드가 지금까지 살아있었다는 사실에 놀라워했고, 그를 파멸로 몰아간 주범으로 술을 지목했다. 절친한 친구이자 적이었던 어니스트 헤밍웨이와 달리 급속도로 진행된 문학적 몰락이 그의 음주를 더 부추겼는지도 모른다. 하지만 그는 이미 스무 살부터 주정뱅이처럼 술을 마셨다. 그의 주벽에 관한 일화는 셀 수 없이 많다. 옷을 입은 채 호텔 분수대에 뛰어들기도 했고, 자동차를 몰고 가다가 연못에 처박기도 했고, 폭력을 휘두르기도 했고, 반대로 흠씬 두들겨 맞기도 했다.

술을 도구로 자살을 시도했던 작가는 피츠제럴드뿐만 아니다. 레이먼드 카버, 존 치버, 레이먼드 챈들러 등 거의 모든 세대의 작가들이 알코올의존증에서 자유롭지 못했다. 술에 취해 추태를 반복하는 피츠제럴드에게 나약하다며 비난을 퍼부었던 헤밍웨이도 술꾼이긴 피차 마찬가지였다.

작가에게 글을 쓰는 일은 특히 장편을 쓰는 일은 노고가 상당히 들어가는 긴 레이스라고 한다. 선배들의 안타까운 말로를 교훈 삼아 오늘날 작가들은 규칙적인 생활과 체력 단련을 직업윤리로 삼는 것 같다. 피츠제럴드도 뒤늦게나마 술을 줄이고 어떻게든 제대로 된 장편소설을 쓰려고 애를 썼다.

피츠제럴드에게는 학생 시절부터 성실하게 작성했던 '푸대접 목록'이 있었다. 그의 『원장』(ledger)은 자신을 냉대했던 사람들에 대해 세세하게 적어 놓은 일종의 장

부다. 상류층을 동경했던 그는 자신이 속하지 못한 세계의 신민들에게 부러움과 적의를 동시에 느꼈던 것 같다. 그들의 환심을 얻기 위해 거북해질 정도로 비위를 맞추다가도 술을 마시면 그들을 모욕했고, 술에서 깨면 다시 사과했다. 그런 피츠제럴드의 주벽을 질색했던 사람 중 하나였던 헤밍웨이는 1931년 피츠제럴드의 푸대접 목록에 올랐다.

하지만 그에게 가장 큰 푸대접과 트라우마를 안겨준 인물은 따로 있었는데 바로 피츠제럴드가 열여덟 살 때 만난 기네브라 킹이었다. 기네브라 킹은 피츠제럴드가 범접할 수 없었던 최상류층 여성으로 그녀의 아버지 찰스 킹은 막대한 재산가였다.『원장』에 남아 있는 '가난한 남자는 부잣집 딸과 결혼할 생각을 해서는 안 된다'라는 메모는 기네브라의 아버지에게서 들었던 말이라고 한다. 피츠제럴드 외에도 따로 만나는 남자가 있었던 기네브라는 피츠제럴드를 남편감으로 고려조차 하지 않았다.

신분의 차이로 인한 비참한 실연을 겪은 후 상류층

여성에 대한 강렬한 열망과 그 못지않은 혐오는 피츠제럴드의 모든 문학을 관통하는 주제가 되었다. 피츠제럴드 자신도 『위대한 개츠비』는 가난한 청년이 돈 많은 여성과 결혼할 수 없는 현실에 대한 고발이며 자신이 바로 그런 인생을 살았기 때문에 앞으로도 같은 주제가 계속될 것이라고 말했다.

『위대한 개츠비』의 '나', 닉 캐러웨이는 이제 막 서른이 된 미혼 남성으로 골수 상류층은 아니지만 그래도 꽤 괜찮은 중서부 집안 출신에 예일대학교를 졸업했다. 그는 홀로 뉴욕 근처의 웨스트에그로 날아와 그해 여름 개츠비의 저택에서 벌어진 비극적인 사건의 진실을 가장 가까이에서 목격한다. 우연히 사건 한가운데에 서게 되지만 한발 물러서 객관적인 시선을 유지하는 인물이다. 그 사실을 소설은 첫 문장에서부터 강조한다.

닉의 아버지는 말한다. 혹여 남을 비난하고 싶어지면 이 세상 사람 전부가 너처럼 혜택을 누리지 못한다는 걸 기억하라고. 아버지의 말을 가슴에 새긴 닉 캐러웨이는 보통 사람들보다 훨씬 더 타인에 대한 판단을 미루는 신중한 사람으로 성장한다.

하지만 불과 서른 페이지를 넘기기도 전에 '타인을 쉽게 판단하지 않는' 화자에 대한 전제는 이내 무너진다. 그는 대학 동창 톰 뷰캐넌과 그의 아내이자 먼 친척 여동생인 데이지에게 즉각적인 혐오를 느낀다. 그들이 역겨운 부류이며 그들의 결혼 생활은 무의미하기 짝이 없다고 서슴없이 말한다.

그다지 중립적이지 못한 닉 캐러웨이의 혐오는 『위대한 개츠비』 전체를 관통하는 강렬하고 단일한 감정이다. 속물스러운 그들 중 유일하게 닉의 면죄부를 받는 사람은 주인공 제이 개츠비뿐이지만 그가 면죄부를 받아 마땅한 인물인지 알 수 없다. 언뜻 개츠비가 데이지를 위해 모든 것을 희생한 것처럼 보이지만, 과연 그것을 사랑이라고 말할 수 있을까?

스콧 피츠제럴드의 아내 젤다 피츠제럴드는 『위대한 개츠비』의 여주인공 데이지의 모델이라고 알려져 있다.

목소리에 돈이 담겨 있고, 안락하고 높은 지위를 위해 사랑하지 않는 사람과 결혼하고, 늘 주목받고 사랑받기를 원하지만 정작 아무것도 하지 못하는 데이지. 심지어 그녀는 소설 종반에 이르러 범죄를 저지르고 도망친다. 소설은 데이지가 개츠비에게 전혀 가치 없는 존재라고 이야기한다.

기네브라 킹처럼 부자는 아니었지만, 젤다 역시 남부 명문가 출신이었다. 그녀도 기네브라 킹과 마찬가지로 자신을 부양할 충분한 돈이 없다는 이유로 스콧과의 약혼을 파기했는데 스콧이 서둘러 출판한 『낙원의 이편』이 큰 성공을 거두면서 두 사람은 뉴욕에서 결혼식을 올린다. 낭비벽이 심하고 술에 취해 온갖 기행을 일삼던 스콧 피츠제럴드와 젤다 피츠제럴드 부부는 끝없이 샴페인을 터뜨리던 미국 재즈 시대의 상징으로 기억된다.

어니스트 헤밍웨이는 그런 젤다를 정신 나간 여자쯤으로 여겼고 스콧이 당장 돈이 되는 단편이나 쓰면서 재능을 썩히고 있는 것이 모두 젤다 탓이라고 생각했다. 오늘날의 시선도 다르지 않아서 '최초의 플래퍼

(flapper)'라는 타이틀답게 젤다는 남편의 명성을 등에 업고 사고만 치는 개념 없는 골칫덩어리쯤으로 여겨진다. 그녀가 남편에게 학대받았다는 사실과 함께 그녀의 예술적 재능이 재평가되어야 한다는 시각이 대두된 것은 최근의 일이다.

많은 부분, 베일에 가려져 있지만 스콧 피츠제럴드와 젤다 피츠제럴드가 서로의 창작 활동에 무시할 수 없는 영향을 끼쳤다는 점은 확실하다. 젤다 피츠제럴드는 그 자신도 소설가였다. 그녀가 쓴 단편은 스콧과 공동 작가로 때로는 스콧의 이름으로 발표되었다. 그녀는 그림을 그렸고 프로 무용수가 되려고 했을 정도로 발레에 소질이 있었다.

하지만 스콧은 젤다의 재능과 독립적으로 활동하고 싶어 하는 그녀의 열정을 비웃었다. 편집자 맥스 퍼킨스가 젤다의 소설을 책으로 발간하려고 했을 때 그는 격렬하게 분노했다. 스콧은 젤다가 자신을 표절하는 것도 모자라 자신의 재능을 훔쳐가고 있다고 여겼다. 결국 젤다의 소설은 스콧의 강력한 반대로 상당 부분 삭제되었다. 나중에 스콧은 젤다의 담당 의사를 통해 그녀가 글을 쓰거나 그림을 그리지 못하도록 조치하기도 했다.

스콧 피츠제럴드와 젤다 피츠제럴드는 서로 오랫동안 떨어져 지내다가 각각 비극적으로 생을 마감했다. 개츠비의 장례식에 나타난 남자가 내뱉은 대사처럼 스콧의 장례식에서도 누군가 "불쌍한 놈"이라고 중얼거렸다. 젤다는 남편의 장례식에 참석하지도 못했다. 그녀는 1948년 정신병원에서 일어난 화재로 사망했다.

시간이 흐르면서 그들의 파국은 『위대한 개츠비』처럼 매혹적인 것이 되었다. 스콧이 자신의 소설 속 여주인공처럼 무가치하다고 여겼던(혹은 무가치하게 되길 원했던) 젤다는 데이지와는 다른 의미로 남았다. 사람들은 스콧을 이해하기 위해서 필연적으로 젤다를 이해해야 했다. 젤다는 스콧의 말들이 가질 수 없는 것에 대한 갈망과 혐오에서 벗어나지 못하고 달려간 바로 그 지점, 다시 말해서 그가 동경했고 동시에 경멸했으며 그 때문에 서로가 파괴되는 것을 주저하지 않았던 그의 욕망이었다. 젤다는 스콧 피츠제럴드를 규정하는 지울 수 없는 존재가 되었다.

개츠비는 웨스트에그의 파란 잔디밭에 홀로 서서 데이지가 있는 바다 건너편의 초록색 불빛을 바라본다. 잡을 수 있다고 한순간도 의심하지 않고 먼 길을 돌아온 그는 그것을 위해 기꺼이 추락을 선택한다. 그럴 가치가 없는 데이지, 사실은 그럴 가치가 없는 '데이지라는 이름을 빌린 개츠비의 욕망'을 위해서였다. 그것은 무의미했지만, 손에 잡힐 듯 선명하게 빛났다.

순간에 대한 애정

『나는 고양이로소이다』 나쓰메 소세키

　새로 이사한 신도시는 영화 〈허Her〉의 배경을 연상시키는 곳이었다. 어디를 보아도 초고층 빌딩과 넓은 도로, 자동차뿐이었다. 그때까지 익숙하게 보아왔던 오래된 골목 같은 것은 아예 존재하지 않아서 한순간 시간을 뛰어넘은 것 같은 낯선 기분이 들었다.

　계속해서 확장하는 도시 곳곳에는 타워크레인이 세워져 있었고 지난 몇 년 동안 땅을 파내서인지 아니면

인근에 산이 없어서인지 공기 오염이 서울만큼 심각했다. 한동안 목이 붓고 기침이 나고 비염이 참을 수 없이 심해지는 바람에 왜 이곳으로 이사했을까 심란할 정도였다. 도시 어디에서나 탁한 먼지 냄새를 맡을 수 있었다.

30층 오피스텔 창 아래로 보이는 12차선 도로에는 버스와 택시가 다니지 않았다. 멀리 보이기는 하는데 걸어가기에는 터무니없이 먼 빌딩까지 어떻게 이동해야 할지 알 수 없었다. 넉분에 한 달에 한 번 한강을 따라 달리던 미니벨로가 없어서는 안 될 중요한 교통수단이 되었다. 자전거를 타고 직선으로 이어진 평평한 도로를 지날 때마다 나로서는 좀처럼 익숙해지지 않는, 모든 것이 크고 넓고 신형인 도시로 이사 왔다는 사실을 실감할 수 있었다. 하지만, 이 도시의 어떤 것도 여름 저녁을 뒤덮는 새하얀 해무보다 낯설지는 않았다.

바다를 메워 만든 도시는 때때로 짙은 안개로 뒤덮여 불과 1미터 앞도 보이지 않았다. 이곳은 아파트와 학교와 대형 마트와 공원이 들어서기 전까지 바다였다. 피서

철 해변의 텐트에서 맞이하는 아침처럼 늘 습기에 절어 있어서 빨래가 잘 마르지 않았다. 건조기를 꼭 돌려야 했다. 서울보다 기온이 낮고 해풍도 강했다. 맑은 하늘이 유독 시야에 넓게 들어오는 날이면 하늘 아래로 도시가 사라지고 바닷물이 출렁거리는 것 같았다.

이삿짐을 푸는 데는 반나절밖에 걸리지 않았다. 가구라고는 텔레비전도 침대도 없이 책상과 책장, 그리고 고양이 발톱 자국이 자꾸만 늘어가는 고가구 두 개가 전부였다. 그런데도 불구하고 스무 개 가까운 이사 상자가 필요하다니 한 사람이 살아가는 데 이렇게 많은 것들이 필요하구나, 새삼스러웠다. 매번 이사할 때마다 없어서는 안 되는 내 삶에서 반드시 챙겨야 할 물건이 무엇일까 생각해 봤는데 그런 것은 많지 않았다.

함께 사는 두 마리 고양이 앙쯔와 밋쯔에게 이사는 특히 험난했다. 영역 동물인 고양이는 소소하게 인테리어를 바꾸는 변화만으로도 극심한 불안을 느낀다. 늘 새로움과 변화를 추구하는 인간들과 달리 어제와 다를 것 없는 평범한 일상이 고양이 세계의 가장 큰 축복인 셈이다.

그렇다. 모험은 늘 애송이의 몫이다. 벌써 여덟 번이나 이런 일을 겪은 앙쯔는 이내 긴장을 누그러뜨리고 새로운 환경에 적응했다. 반면 밋쯔는 장롱 밑으로 들어가 사흘이 넘도록 꼼짝하지 않았다. 의도치 않게 식구가 늘어난 것은 이사의 피로에서 벗어난 지 얼마 지나지 않아서였다.

나중에 '카버'라는 이름을 지어준 검은색 얼룩무늬 새끼 고양이는 늦은 밤 도로 옆에 설치된 두 개의 전력 박스 사이에서 울고 있었다. 세상이 떠나갈 듯한 새끼 고양이의 울음소리에 지나던 사람 몇 명이 걸음을 멈추고 무엇을 어떻게 해야 하나 난처해 하다가 고양이 간식을 꺼내 드는 나를 보고는(나는 그런 것을 가지고 다닌다) 홀가분하게 자리를 떠났다. 나 역시 새끼 고양이를 집으로 데려갈 수는 없었다.

내키는 대로 부양가족을 늘릴 수 있는 것은 소수 부유층만 누릴 수 있는 특권이다. 게다가 정말로 어미를 잃은 것인지 확실하지 않았다. 안타까웠지만 그냥 걸음을 돌렸다. 그 순간 새끼 고양이가 요새처럼 몸을 숨기던 전력 박스 사이에서 울부짖으며 뛰쳐나왔다. 가느다란 팔다리로 깡충깡충 뛰면서 필사적으로 나를 따라왔다. 한 발 멀어지면 그만큼 죽을힘을 다해 울었다. 할 수 없이 불타는 의지의 새끼 고양이를 안고 집으로 돌아왔다. 모든 것이 신기한지 무서운 줄 모르고 여기저기를 헤집고 다니는 새끼 고양이의 왕성한 호기심에 앙쯔와 밋쯔는 사는 것이 피곤하다는 듯한 표정을 지었다.

어른 고양이가 되려면 한참은 더 기다려야 했지만, 카버는 빠르게 자랐다. 이쑤시개 같았던 팔다리에 힘이 생기고 뼈대는 점점 단단해졌다. 몸부림치는 녀석을 붙잡아 끈질기게 넣어준 진드기 약 덕분에 귓속도 말끔했다. 흐릿했던 눈 색깔은 시간이 지날수록 부드러운 카푸치노 색으로 바뀌었다.

집으로 온 지 두 달도 되지 않아 카버는 자신이 세상에서 가장 힘세고 날쌘 고양이라는 것을 증명하기 위해 최선을 다했다. 창가에 놓인 화분을 죄다 깨뜨렸고 있는 힘껏 두루마리 휴지를 풀어 헤쳐놓았고 내 몸을 도약대

삼아 어디든 뛰어올랐다. 덩치가 큰 밋쯔에게 쉬지 않고 덤벼드는 바람에 두 녀석이 날마다 서로를 부둥켜안고 방바닥을 굴렀다. 하지만 앙쯔는 이런 소란에 휩쓸리지 않았다. 오래전 밋쯔에게 그랬던 것처럼 새끼 고양이의 사정 따위 조금도 봐주지 않았다. 물정 모르고 날뛰는 카버였지만 진심으로 화를 내는 앙쯔만큼은 조심스럽게 피해 다녀야 했다.

스물한 살, 사람으로 치면 100살에 가까운 앙쯔는 어느덧 발톱에 윤기가 사라지고 밥을 먹을 때 조금씩 흘리기도 한다. 페르시안 장모종이라 정기적으로 털 관리를 해주지 않으면 걷기 힘들 정도로 털이 엉켜버리는데 유독 미용을 싫어한다. 자신의 털을 남의 손에 내어주는 것 자체가 탐탁지 않은 모양이다. 전에는 동물 병원에 맡겼지만, 마취가 걱정스러운 나이가 되고부터는 직접 해줘야 한다. 집사의 게으름으로 길어진 털에 용변이라도 묻으면 앙쯔는 소임을 다하지 못하고 사퇴하는 정치인이 된 것처럼 우울해했다. 고양이 세계에서는 모든 것이 집사의 잘못이라지만 그건 정말 내 탓이라서 자존심에 상처를 입은 앙쯔를 달래가며 털을 잘라준다.

 연고 없는 새로운 도시, 주말을 어떻게 보내는지 다른 이들은 짐작할 수 없는 혼자의 생활. 가족과 친구 대신 책을 쌓아놓는다. 그 안을 들여다보면 한정된 공간에서 각자의 영역을 지키며 함께 살아가는 고양이 셋과 인간 하나의 공존이 있다. 노년에 접어든 앙쯔와 소심한 밋쯔 그리고 성장하는 새끼 고양이 카버. 삶은 자전거를 타고 가르는 공기처럼 아무렇지 않게 달라지고 있었다.

夏目漱石

　알랭 드 보통의 『행복의 건축』을 읽다 보면 일본의 국민 작가 나쓰메 소세키의 일화가 나온다. 도쿄 제국 대학 영문과를 졸업하고 영어 교사로 근무하던 나쓰메 소세키는 일본 문부성 국비 유학생으로 2년 동안 영국에 체류했다. 그는 그곳에서 지독한 향수병을 앓았다고 한다. 나쓰메 소세키가 만났던 영국인들은 일본인이 아름답다고 여기는 것들, 이끼가 덮인 나무 사이의 작은 길이라든가 거친 면이 그대로 살아 있는 도자기의 아름다움을 전혀 이해하지 못했다. 어느 겨울날 나쓰메 소세키는 흩날리는 눈을 함께 감상하자고 영국인 지인을 집으로 초대했다가 비웃음을 사기도 했다.

'와비'는 화려하고 완전한 것보다 간소하고 부족한 것에 풍요로움을 느끼는 일본의 독특한 미의식을 말한다. 일본 무로마치 시대(1338~1573)에 불교 선종의 영향으로 완성되었는데('젠'은 선(禪)의 일본어 발음이다) 참선과 수양을 통해 깨달음을 얻는 선종은 일상에서 바르게 앉아 말이 아닌 마음으로 고요하게 집중하는 수행 방식을 강조한다. 이러한 선종의 교리가 일본의 정서와 결합하여 와비는 지극히 일본적인 그들 고유의 아름다움이 되었다.

호사스러운 장식을 지양한 좁은 다실에서 차분하게 차를 마시는 일, 눈 내리는 풍경을 말없이 감상하는 일에는 와비가 있다고 할 수 있다. 알랭 드 보통이 책에서 말한 것처럼 이런 미학을 사유했던 역사가 없는 서양인의 눈에 와비는 그저 누추한 결함으로 보인다.

고대 인도의 요가 수행자 파탄잘리는 요가를 통한 자기실현의 길을 여덟 단계로 정립했다. 그것을 아쉬탕가 요가라고 하는데 아쉬탕가 요가의 최종 단계는 자신의 자아를 넘어서는 초의식(사마디), 즉 해탈이다. 요가원이나 피트니스 센터에서 우리가 흔하게 접하는 요가는 3단계에 해당하는 육체 단련(아사나)이다. 요가의 수련은 육체의 건강을 넘어 4단계 호흡(프라나야마), 5단계 외부 감각 제어(프라디야하라), 6단계 집중(다라나), 그리고 사실상 마지막 단계인 7단계 명상(디야나)까지 이어진다.

전 세계적으로 존경받는 명상 지도자들은 하나같이 명상이란 사람들이 생각하는 것처럼 그렇게 거창하지 않다고 말한다. 일하다가 차를 마시다가 책을 읽다가 우리는 짧은 시간 어렵지 않게 명상할 수 있다고 강조한다(화가 밥 로스 아저씨가 EBS 프로그램 〈그림을 그립시다〉에서 "참 쉽죠?"라고 하던 말이 떠오른다).

외부의 감각을 단절하고 내면에 집중하여 빛나는 의식을 고취하는 명상(디야나)을 완벽하게 이해하기란 쉽지 않다. 명상은 직관에 의한 고요하고 비물질적인 정신 활동으로 우리의 의식이 지금, 이 순간을 명료하게 인식

할 수 있도록 만들어준다. 자아를 뛰어넘는 행위이지만 한편 자아에 대한 애정에서 비롯된다. 요가의 목적은 영원불멸이나 내세가 아닌 세상을 살아가는 순간에 있다.

요가에서는 시간의 흐름이 허구라고 말한다. 우리에게 주어진 것은 과거나 미래가 아닌 오직 지금이라는 순간뿐이라는 것이다. 누군가와 함께 흩날리는 눈을 바라보고 싶은 마음, 그 또한 영원(세계)이 아닌 순간(자신)에 대한 애정이다.

『나는 고양이로소이다』의 '나'는 이름 없는 고양이다. 아무도 이름 같은 것은 지어주지 않았다. 이름 없는 고양이는 영문도 모른 채 버려진 새끼 시절 구샤미 선생의 집으로 왔다. 선생의 집에는 선생과 그의 아내, 그들의 어린 세 딸 그리고 이름 없는 고양이와 앙숙 관계인 하녀 기요가 살고 있다. 선생이 무엇을 하는 인물인지 알 수 없지만 그는 자기 방안에 틀어박혀 엉뚱한 것에 몰두한다. 어쨌든 자신을 못살게 굴지 않으니, 그것으로 그만이다. 이름 없는 고양이는 집과 주변을 쏘다니면서 구샤미 선생의 식구들과 이웃들 그리고 동료 고양이를 유심히 관찰한다. 고양이의 눈에 인간이란 별의별 궁리로 우울하게 세월을 축내는 한심한 존재로 비친다. 어째서 인간은 고양이와 같은 간단한 삶의 방식을 잊어버렸을까. 이름 없는 고양이는 말한다. 인간의 심리마큐 이해하기 어려운 것도 없다고. 고양이란 너나 나나 할 것 없이 모두 단순하다. 먹고 싶으면 먹고, 자고 싶으면 자고, 화가 나면 화를 내고, 울 때는 죽어라 하고 운다고. 지금, 이 순간 보고 듣고 느끼는 모든 것을 고양이는 의식하고 있다.

나쓰메 소세키는 영국에서 유학하면서 세계열강을 추종하는 일본(자신)에 대한 근본적인 회의를 느꼈다. 자루 속에 갇혀 나올 수 없다고 생각한 그는 동료 일본인까지 미쳤다고 수군거릴 정도로 하숙집에 틀어박혀 책을 읽었다.

그는 서양 눈물에서 답을 찾을 수 없다는 결론을 내리고 일본으로 돌아왔다. 자신으로부터 한 발 떨어진

냉소와 연민, 하지만 자신에 대한 애정을 느낄 수 있는 『나는 고양이로소이다』는 나쓰메 소세키가 일본으로 귀국한 다음 집필한 첫 번째 소설이다. 이 소설이 호평을 받으면서 그는 전업 작가로 글을 쓰기 시작했다.

관계의 이면

『안티고네』 소포클레스

가벼운 킬링 타임 영화를 보았다. 젊고 아름다운 여주인공이 어느 날 대장암으로 시한부 인생을 선고받는다. 그 소식을 듣고 그녀의 모친이 신선한 고기와 채소를 잔뜩 싸 들고 집으로 찾아온다.

"얘야, 조금만 기다려라. 엄마가 육즙이 뚝뚝 떨어지는 커다란 스테이크를 구워줄게. 아플 때는 그저 잘 먹는 게 최고란다."

"엄마, 전 채식주의자예요."

"아, 그래? 언제부터 고기를 안 먹었니?"

"지난 12년 동안 계속 말씀드렸잖아요!"

그 장면을 보면서 웃었던 기억이 있다. 세상의 모든 엄마는 서른이 넘은 딸자식이 자신이 알고 있는 어린 여자아이가 아니라는 사실을 인정하지 못한다. 자식을 가장 잘 알고 있는 사람은 자신뿐이며 자식에게 가장 좋은 것이 무엇인지 알고 있는 사람도 역시 자신밖에 없다고 믿는다. 내 머릿속의 어린 소녀와 전혀 다른 사람이 지금 내 앞에 있다는 사실을 어른스럽게 받아들이는 소수의 엄마만이 딸과 진정한 친구가 될 수 있다.

관계는 곧 성장을 의미한다. 우리는(때로는 우리 자신을 포함해서) 관계에 대해 성장을 거부하는 사람을 흔하게 만난다. 그들은 커다란 체스판 같은 자신의 세상에서 친구들과 가족 그리고 동료를 자신이 원하는 자리에 배치한다. 오직 자신이 결정한 지위가 거부되지 않을 때만 좋은 관계를 유지한다. 상대방과의 관계가 원하지 않는 방향으로 바뀌게 되면 상처를 받았다고, 상대가 정말 이상한 사람이라고 호소한다. 영원한 철부지 황제 폐하 혹은 여왕 폐하를 보필하는 일은 난감하기 짝이 없다. 그의 세상을 위해 맡은 역할을 다한다면 갈등이 없겠지만 그 관계에는 성장이 없다. 부모와 자녀, 형제자매, 친구, 동료, 그리고 조직 안에서의 관계, 더 넓은 의미로 성별이나 인종, 권력 같은 사회적인 위치까지 세상에 존재하는 수많은 체스판 위에 나는 무엇으로 놓여 있을까? 체스판의 평화를 위해 제멋대로 결정된 나의 위치, 나의 체스판 위에 아무렇게나 놓여 있는 상대방의 위치는 과연 온당한가?

니시카와 미와 감독의 〈유레루〉는 카멜 가죽 재킷을 입고 포드 자동차를 몰면서 콜리플라워즈의 음악을 듣고 계시는 오다기리 조 님의 완벽한 자태가 아니었다면 과연 끝까지 볼 수 있었을까 싶을 정도로 지루한 영화였다. 그러나 영화 〈유레루〉는 제목처럼 나의 마음을 흔들어 놓았다(유레루ゆれる는 '흔들리다'라는 뜻을 가진 일본어다).

영화는 어느 형제에 관한 이야기다. 오다기리 조가 연기한 동생 타케루는 잘생긴 외모에 성공적이고 자유분방한 삶을 사는 포토그래퍼. 어디에서나 돋보이는 타케두에 비해 존재감이 없고 볼품없는 외모를 가진 형 미노루는 가업을 이으며 집안의 온갖 궂은일을 도맡고 있다. 눈에 보이는 그들의 관계는 이런 것이다. 제멋대로지만 미워할 수 없는 동생과 여러모로 부족하지만 장남으로서 의무를 다하는 형. 하지만 그들의 관계 이면에는 또 다른 진실이 있다. 미노루의 옆에는 제멋대로인 사람이 있고 그는 늘 미노루의 것을 빼앗는다.

미노루는 어린 시절부터 알고 지내던 치에코에게 몰래 애정을 품고 있었다. 하지만 치에코는 도시에서 온 세련된 타케루에게 마음을 이끌리면서 세 사람 사이에 미묘한 긴장감이 감돈다. 그들은 다 같이 어린 시절의 추억이 담긴 계곡으로 놀러 간다. 일행과 떨어져 혼자 사진을 찍던 타케루는 멀리 보이는 흔들디리를 무심코 올려다본다. 다리 위에 미노루와 치에코가 마주 서 있다. 그들은 어딘가 다투는 듯 보였는데 잠시 후 치에코가 그만 다리에서 떨어져 목숨을 잃는다. 타케루는 깊은 고민 끝에 법정에서 그날 자신이 목격한 광경에 대해 사실대로 말하기로 결심한다. 비록 입 밖으로 꺼내지는 않았지만, 그는 미노루가 치에코를 죽였다고 믿는다.

관계의 이면에는 보이는 것과 다른 진실이 있다. 영화에서처럼 누군가의 죽음으로 표면 위에 떠오른다면 모를까 설명하기도 힘들고 간단하게 말해버릴 수도 없는 것들이다. 복잡한 진실은 깊숙한 곳으로 숨어버린다. 평화를 위해서, 정상적인 삶을 위해서. 그러나 아무리 위장을 하고 있어도 이면의 진실이 명확하게 감지되는 순간이 있다.

타케루는 진실을 위해 법정에서 진술했지만, 그의 진술로 인해 그동안 타케루가 간단하게 무시하고 있었던 진짜 진실, 그들 관계 이면의 진실이 드러난다. 형 미노루는 치에코를 죽이지 않았다. 그것은 우연한 사고였다. 하지만 타케루는 미노루가 어떤 사람인지 알지 못했고 알려고도 하지 않았다. 그때까지 그는 미노루를 단 한 번도 제대로 보았던 적이 없었다. 그가 원했던 진실의 댓가는 가혹했다. 미노루는 죄가 없었지만, 살인자가 되어 감옥으로 갔고 그 충격에 형제의 아버지는 치매를 앓다가 세상을 떠난다.

영화의 마지막, 힘겨운 대가를 치른 후 형제는 드디어 서로를 똑바로 응시한다. 이면의 어떤 것을 이해하는 과정과 그로 인해 겪어야 했던 고통에 비하면 보잘것없는 결말이었지만 마음이 뭉클했다.

우리의 관계에는 단순히 눈에 보이는 현상 이면에 감춰진 중요한 어떤 것이 있다. 그것을 이해하려고 애쓰는 태도가 삶에 있어 가장 의미 있는 일인지도 모른다.

SOPHOCLES

 '페미니즘'이란 단어는 어쩌다 한국 사회에서 파블로프의 개에게 이성을 잃게 만드는 종소리가 되었을까? 가끔 나는 호모사피엔스의 긴 역사 속에서 우리 인류가 왜 이렇게까지 여성을 억압하기 위해서 애를 썼을까(애를 쓰고 있을까), 의아할 때가 있다. 유발 하라리의 『사피엔스』에서는 여성이 어떻게 피 권력층이 되었는지 정확한 이유를 알 수 없다고 밝힌다.

여성에 대한 불평등은 부와 권력의 불평등과는 다른 모습을 하고 있다. 부와 권력은 가진 자와 갖지 못한 자 사이에 커다란 간극이 존재하지만, 서로를 완전히 이해할 수 없는 것은 아니다. 오히려 그들 간에는 천국과 지옥을 오가는 듯한 교류가 있다. 그에 비해 여성에 대한 불평등은 건널 수 없는 무한한 에레보스를 사이에 둔 것 같아서 인류의 절반은 다른 절반에게 새겨진 작고 무수한 상처를 인식조차 하기 어렵다.

소포클레스의 『안티고네』에 등장하는 여주인공 안티고네는 언뜻 이해하기 어려운 인물이다. 안티고네라는 여성이 그녀의 비극을 통해 무엇을 말하고자 하는지 책을 읽는 독자의 해석은 분분하다.

소설가 김영하는 TV 예능 프로그램 〈알쓸신잡 3〉에서 『안티고네』를 '양보하지 않는 두 사람의 독선과 고집으로 공동체가 파멸하는 이야기'라고 소개했다. 그의 시각에서 두 주인공은 '이해할 수 없는 대립'을 하고 있는 셈이다. 소설가는 남성인 크레온 왕과 여성인 안티고네를 각각 하나의 동등한 인격체로서 두 사람을 평등하게 바라보았다. 하지만 인류의 역사 속에서 여성과 남성이 동등했던 시대는 존재하지 않는다.

안티고네는 아버지를 죽이고 어머니와 결혼하는 테

베의 왕 오이디푸스의 딸이다. 패륜을 저지르기는 했지만, 오이디푸스는 비극의 주인공이다. 왜냐하면 그 자신도 사실을 몰랐기 때문이다. 오이디푸스의 비극은 자신도 알지 못하는 나 자신에 관한 질문이기도 하다. 가장 견딜 수 없는 고통은 늘 자신에게서 비롯된다.

반면 안티고네의 비극은 '나 자신'에게 있지 않다. 『안티고네』와 『오이디푸스 왕』은 둘 다 비극적인 이야기를 다루고 있지만 같은 비극이 아닌 이유가 여기에 있다. 비록 부모의 몰락과 함께 본인의 출생까지 저주가 되어 진흙탕에 떨어졌어도 안티고네의 비극은 타자의 고통에서 비롯된 것이다.

오이디푸스가 친아버지의 살해자이며 친어머니와 결혼했다는 진실이 세상에 드러나자 오이디푸스의 아내이자 동시에 그의 어머니인 이오카스테는 자살한다. 이오카스테의 시신 앞에서 오이디푸스는 스스로 두 눈을 찌르고 오이디푸스의 두 딸 안티고네와 이스메네가 그 광경을 지켜본다. 안티고네는 걸인처럼 세상을 떠도는 아버지와 동행하며 그가 숨을 거두는 순간까지 곁을 떠나지 않는다.

오이디푸스와 이오카스테 사이에는 두 딸 외에도 두 아들 에테오클레스와 폴리네이케스가 있었다. 오이디푸스가 숨을 거둔 후 두 아들 사이에는 권력을 둘러싼 불화가 생겨났는데 아르고스 동맹국들과 연합하여 테베를 공격하던 폴리네이케스와 테베를 지키던 에테오클레스는 신이 알려준 운명대로 같은 날 서로를 찔러 죽인다. 오이디푸스의 뒤를 이어 테베의 왕좌에 오른 크레온은 에테오클레스의 장례를 성대하게 치러주라 명하지만, 반역자 폴리네이케스의 시신은 들판에 방치하여 짐승의 밥이 되도록 한다. 그리고 누구든 시신을 거두는 자에게 극형을 내리겠다고 공표한다.

소포클레스의 『안티고네』는 안티고네가 동생 이스메네를 몰래 불러내는 장면에서 시작한다. 안티고네와 이스메네의 차이를 극명하게 보여주는 첫 장면이다. 폴리네이케스의 시신을 묻어주자고 하는 안티고네와 달리 이스메네는 완강하게 언니를 만류한다. 여자는 남자와 싸울 수 없을뿐더러 아무리 괴롭더라도 권력에 맞서지 말아야 한다고 말한다.

동생 이스메네는 크레온에게 복종하는 길을 택하고 안티고네는 혼자서 시신을 매장하다가 발각되어 크레온 앞으로 끌려온다. 크레온은 안티고네를 동굴에 가두고 굶겨 죽이라는 명령을 내린다.

독자는 『안티고네』를 끝까지 읽은 후에도 명쾌한 답을 얻을 수 없다. 그녀에게 사형을 선고한 크레온 왕은 악당이 아니다. 그는 한 나라의 통치자로서 했을 법한 일을 한 것뿐이었다. 그의 행동에 대해서는 다른 설명이 필요 없다.

안티고네는 그렇지 않다. 그녀의 입장은 무엇으로도 설명되지 않는다. 그녀는 왜 죽음을 선택했을까? 정말 독선과 고집 때문이었을까? 크레온 왕과 달리 안티고네는 독선과 고집을 부릴 처지가 아니었다. 동생 이스메네의 말처럼 크레온 왕에게 복종하지 않는다면 그녀에게 돌아오는 것은 죽음뿐이다. 아니면 가족의 죽음에 대한 슬픔 때문이었을까? 그녀가 슬픔으로 인해 비이성적인 판단을 내렸을 것이라고 짐작되는 부분이 없다. 단서는 오직 '안티고네'라는 이름뿐이다.

'안티고네'는 '거스르는 자'라는 뜻이다. 소포클레스의 『안티고네』에는 '저항하는 여인'이라는 문학사에서 흔히 볼 수 없는 여성상이 담겨 있다.

크레온 왕에게 붙잡혀 동굴로 끌려가면서 안티고네는 평범한 여성으로서의 행복을 누리지 못하고 죽어야 하는 자신의 처지에 괴로워한다. 그 장면에서 코러스는 이렇게 노래한다.

그래서 그대는 영광스럽게, 그리고 칭찬받으며
사자死者들의 깊숙한 처소로 내려가는 것이오.
그대는 자신의 뜻대로 살다가 인간 중에서
유일하게 산 채로 하데스로 내려가는 것이오.

안티고네는 코러스의 노래처럼 자기 뜻대로 살다가 죽음을 맞이하는 최초의 여주인공이 되었다. 소포클레스는 그것이 바로 영광스러운 죽음임을 분명하게 말한다. 안티고네를 비극의 주인공으로 삼았지만 비참한 죽음이 아닌 숭고한 선택으로 묘사한 것이다.

여성의 저항이 미덕으로 칭송된 역사는 찾아보기 힘들다. 지금까지도 여성의 미덕이란 젊어서는 아름다움과 순종이고 나이 들어서는 어머니의 모성으로 강조된다. 과거 서양 사회에서는 나이 듦에 대한 존경이 흐릿했다. 어머니가 아닌 나이 든 여인은 혐오의 대상이었고 사악한 존재는 대개 늙은 여성으로 묘사되었다. 실제로 늙은 여자들을 마녀로 몰아 학살한 역사도 존재한다. 그런데 어떻게 2,500년 전 세상에서 저항하는 여인이 미덕이 될 수 있었을까.

안티고네를 동굴에 가둔 후 크레온 왕은 뒤늦게 후회하며 자신의 결정을 번복한다. 안티고네를 풀어주고 폴리네이케스의 장례를 치르기로 한다. 그러나 안티고네는 이미 목을 매 숨진 뒤였고 동굴에 매달려 있는 약혼녀의 시신 앞에서 크레온 왕의 아들 하이몬도 죽음을 택한다. 하이몬의 어머니 에우리디케까지 남편 크레온을 원망하며 자결한다. 동굴에 감금되기 전, 크레온 앞으로 끌려온 안티고네는 언니와 함께 죽겠다고 울면서 매달리는 이스메네에게 말한다.

"너 자신이나 구하도록 해."

이 말의 의미를 인류의 절반은 결코 이해하지 못할 것이다. 그러나 '나머지' 절반은 자신을 구하지 못하고 침묵하는 삶이 무엇인지 가슴 깊숙한 곳에서부터 너무나도 잘 알고 있다.

더는 바랄 것 없는

『순수의 시대』 이디스 워튼

　　아침에 비틀비틀 일어나 가장 먼저 하는 일은 앙쯔와 밋쯔와 카버에게 밥을 주는 것이다. 세 마리 고양이가 나란히 모여 앉아 몇 가지 영양제를 넣어서 다진 생닭고기를 먹는 동안 나는 고양이 화장실을 치우고 고양이 모래를 갈아준다. 카버가 밀어뜨려 깨뜨린 화분 파편과 식물 잎사귀가 섞인 밋쯔의 토사물도 치운다. 소화기관이 예민한 밋쯔는 유독 청소하기 어려운 창틀이나 책장 모서리, 이불에 자주 구토를 한다. 바닥을 쓸고 정전기 청소포로 먼지와 고양이 털을 닦아내고 친환경 소독제와 물티슈로 마무리한다. 설거지와 샤워는 그다음으로 한 시간의 요가 연습은 점점 뒤로 밀려난다.

반려동물과 함께 살기 위해서는 적지 않은 노동력과 돈이 들어간다. 때로는 왜 고무나무 화분 정도로 만족하지 못했을까 한숨이 나온다. 나에게 있어 도무지 터득할 수 없는 삶의 기술이란 집안을 늘 깨끗한 상태로 유지하는 것과 돈을 버는 일이다. 특히 재정에 대해서는 심각하게 고민이 된다. 지금껏 나는 한 회사에서 2년 이상 근속한 적이 없다. 직장뿐만 아니라 항공사 승무원, 만화가, 동물 보호 활동가, 북디자이너, 일러스트레이터, 그리고 글 쓰는 일까지 그중 어떤 것도 직업으로서 제대로 된 결과를 얻지 못했다. 도대체 뭐가 잘못된 걸까, 나는 답을 얻기 위해 자신의 삶을 견실하게 꾸려나가는 주변 사람들을 살펴보기로 했다.

그들 중 이상적으로 보이는 지인이 있었다. 늘 삶의 긍정성을 고취하는 그녀는 같은 분야에서 일하고 남편과 함께 개성이 확실한 가정을 꾸리고 있었다. 그들 삶의 방식은 대중과 동떨어져 있었지만 자기만의 세계에 취해 있는 부류는 아니었고 어딘가 안정감이 느껴지는 사람들이었다. 나는 그녀와 가깝게 어울리면서 괴짜처럼 보였던 그녀가 실은 현실 감각이 뛰어나고 본받을만한 보편성을 가진 인물이라는 사실을 알게 되었다.

그녀는 부지런했다. 가끔 가사 도우미를 고용하긴 했지만, 손이 많이 가는 2층 단독주택의 살림을 도맡아 꾸려나가고 있었다. 고등학생 딸을 학원으로 데려다주었고, 정원에 꽃과 작물을 심었고 스페인 요리를 배웠다. 그러면서 어린이책에 들어가는 삽화를 그렸다. 그녀는 다양한 분야의 사람들과 친분을 쌓았는데 그들에게 자신이 직접 재배한 채소를 나눠주기도 했고, 이웃의 누군가 집을 비우면 매일 들러 고양이 밥을 챙겨주기도 했다.

그 많은 일을 하다니 그것도 오직 자신을 위해서가 아니라 가족과 주변 사람들을 위해서. 나는 무척 감탄했다.

그녀에게는 누구와도 갈등을 빚지 않는 현명함과 금전 감각이 있었다. 나는 대인 관계가 힘들어지거나 돈에 관한 판단이 서지 않을 때마다 그녀에게 전화했다. 내가 인생의 맨 밑바닥으로 내려가 도무지 올라가려는 의지를 보이지 않았을 때 함께 요가하자고 권유한 사람도 그녀였다. 나중에 요가 선생님의 개인 사정으로 수업이 중단되자 그녀는 그 시간을 허비하지 않고 즉시 탭댄스로 종목을 바꾸었다. 그녀에게 단점이 있다면 지나치게 술을 좋아한다는 것이었다. 하지만 나는 그녀가 알코올의 존자가 될까 조금도 걱정하지 않았다. 그녀가 어떤 상황에서도 할 수 없는 일이란 바로 자신을 해치는 결정이었다.

그녀는 자신에게 가장 좋은 것을 선택할 줄 아는 사람이었다. 자신과 가족 그리고 친구들과 이웃에 대한 놀라운 열정은 한편 그녀 자신을 위한 것이기도 했다. 그녀는 태생적으로 자신이 원하는 바를 정확하게 알고 있었다. 자신이 속하지 않은 것에 대해 시간과 감정을 낭비하지 않았다. 언제나 자신에게 무리가 되지 않는 지점에서 손을 뗄 줄 알았다. 그녀에게는 사회적인 성공과 타인의 인정도 중요했다. 세상과 동떨어져 자신만 만족하는 안분지족의 인생이란 머리로는 이해하지만, 마음으로는 동의하지 못하겠다고 말하기도 했다.

 그녀를 보면서 내가 원하는 삶이 과연 어떤 것인지 고민할 수밖에 없었다. 나에게도 갈망이나 욕구가 있지만 그것이 정말 나에게 속한 것인지 확신할 수 없었다.

 오래전 나는 만화가가 되고 싶었다. 어린 시절부터 그림을 잘 그린다는 칭찬을 받았다. 당연한 듯 미대에 진학했고, 부모님의 권유로 디자인을 전공했다. 대학을 졸업한 후에는 해외여행을 다니고 싶어서 항공사 승무원직에 지원했다.

 그러다가 1년도 지나지 않아 사표를 내고는 오랫동안 꿈꿨던 대로 만화가가 되었다. 하지만 곧 지치기 시작했고 이런 노동을 평생 계속한다는 것은 비인간적이라는 생각이 들었다. 당시 극화 만화는 여러 단계를 거쳐 만들어졌다. 줄거리를 구상하고 시나리오 콘티를 짠 다음에 데생하고 펜 선을 그려 넣고 잉크나 먹물로 색칠하고 마지막으로 스크린톤을 오려 붙여 완성했다. 철야 작업을 해도 하루 한 페이지를 채우지 못했다. 몇몇 잡지에 단편 서너 번을 기고한 다음 나는 완전히 손들고 말았다. 나에게는 부족한 재능을 보완하는 열정과 끈기가 부족했다.

만화가의 꿈을 포기한 것에 대해서는 후회가 없지만(만화 『베르세르크』의 작가 미우라 켄타로가 2021년 대동맥 박리로 사망했을 때 정말 다행이라고 생각했다) 만화를 그리면서 살고 싶다는 삶의 청사진이 공중분해된 다음부터 인생에서 확실한 것은 사라졌다. 그 후 내가 택했던 삶은 가족과 친구들에게 비난받지 않기 위한 임시방편에 불과했다.

나는 스스로 갈망하는 삶이 무엇인지 알지 못했다. 현재의 삶에 만족한다거나 욕심이 없다거나 노력하지 않았다는 의미가 아니다. 오히려 이곳저곳을 떠돌면서 기운을 소진했다. 이 산 저 산을 힘들게 올라갔다가 '이 산이 아닌가 봐'라며 다시 내려오기를 반복하고 있었다.

맞지 않는 옷을 억지로 입는 것 같았던 결혼 생활에 마침표를 찍고 요가를 시작하면서 나는 어떻게 살아야 할까 고민하는 대신 원하지 않는 것들이 무엇인지 구체적인 목록을 만들기 시작했다.

스스로 원하는 삶을 알 수 없으니 원하지 않는 것부터 하나씩 끈질기게 제거하다 보면 결국 동일한 결과를 얻을 수 있다고 생각했다.

정체가 모호한 갈망은 현실에 뿌리내릴 수 없다. 원하는 삶을 살기 위해서는 먼저 원하는 삶이 무엇인지 알아야 한다. 간절히 원하면 우주가 도와준다지만 자신이 무엇을 원하는지 모른다면 우주로서도 어쩔 수 없다. 하지만 내가 원한다고 여기는 삶이 정말로 내가 원하는 삶이라고 확신할 수 없었다. 인생의 방향을 비로소 결정할 수 있었던 것은 서해의 어느 바닷가 마을로 내려가 요가를 가르치면서부터였다.

EDITH WHARTON

1912년 영국 여객선 타이태닉호가 북대서양 어딘가에서 빙하와 충돌해 침몰한 사건이 일어난 다음 해 51세의 작가 이디스 워튼은 드디어 28년간의 결혼 생활을 청산하고 이혼을 했다. 100년 전 세상에서 여성의 이혼은 불가능에 가까웠지만 그녀는 운이 좋은 편이었다. 가치 서열의 상위에 속한 극소수는 언제나 시대의 통념이나 중산층의 도덕관에서 비껴갈 수 있었다.

그녀의 소설 『순수의 시대』처럼 당시 미국의 부유한 상속녀와 유럽 귀족 간의 결혼은 흔한 일이었다. 식민지 시절부터 선박과 금융 그리고 부동산으로 막대한 부를 축적한 뉴욕 상류 가문 출신이었던 이디스 워튼도 스물셋 이른 나이에 비슷한 사회적 배경을 가진 열두 살 연상의 에드워드 로빈스 워튼과 결혼했다. 그들의 결혼은 몹시 불행했다고 전해진다.

『순수의 시대』의 뉴랜드 아처는 뉴욕 상류층에 속한 장래가 유망하고 취향이 세련된 젊은 변호사다. 밍고트 가문의 메이 웰랜드와 약혼한 사이로, 기품 있는 그녀를 자랑스럽게 여기면서 자신과 유사한 사람들과 어울려 살아가는 현재의 삶에 만족한다.

뉴랜드의 약혼자 메이 웰랜드의 사촌 언니 엘렌 역시 뉴욕 출신으로 그녀가 원만하지 못한 결혼 생활을 뒤로하고 유럽에서 돌아오자, 뉴욕 사교계는 그녀의 스캔들로 술렁거린다. 1870년대 뉴욕의 귀족 사회는 상당히 좁은 곳이라 서로의 집안에 대해 너무 잘 알고 있었고 소문도 빨랐다. 그러나 정작 엘렌은 세간의 눈길에는 신경 쓰지 않는 듯 예술가와 학생들이 모여 사는 지역에 거주하면서 종종 격식에 맞지 않는 옷차림으로 나타나 사람들의 이목을 끈다.

오페라하우스에서 엘렌과 재회한 뉴랜드는 자신의

약혼녀 메이가 사람들의 입에 오르내리는 '엘렌 올렌스카 백작 부인'과 나란히 앉아 있는 모습에 꺼림칙함을 느끼지만 이내 엘렌에게 마음이 끌린다. 그는 자신이 속한 세계의 인물들과 사뭇 다른 엘렌을 사랑하게 되면서 촘촘하게 연결된 보수적인 뉴욕 상류층 사회에 염증을 느낀다. 엘렌이라는 자유롭고 이질적인 존재로 인해 안락하고 익숙했던 그의 세계는 질식할 것 같은 답답함으로 바뀌게 된다.

뉴랜드는 예술과 창작 활동을 사랑했고 더 넓은 세상에 대한 식견을 지니고 있었지만 그의 열망은 하나의 형태를 갖추지 못하고 내면에만 머물러 있었다. 그는 미처 알지 못했던 '원하는 삶'이 무엇인지 비로소 깨닫는다.

엘렌은 뉴욕에서 환영받지 못하는 존재였다. 그녀는 고향으로 돌아와 드디어 자신과 같은 사람들을 만나게 되었다고 기뻐했으나 그들이 베푸는 선의와 친절은 가식에 불과했고, 그녀는 가문에서조차 서서히 축출되는 중이었다. 그녀의 기대와 달리 그녀의 고향에는 자신과 같은 사람들이 존재하지 않았다.

뉴랜드가 비로소 자신의 갈망을 자각하기 시작하자 그가 속한 세계는 그의 변화에 기민하게 반응한다. 뉴랜드를 둘러싼 인물들에 의해 뉴랜드와 메이의 결혼은 빠르게 진행되었고 다른 선택지 없이 메이와 결혼식을 올린 뉴랜드는 자신이 태어날 때부터 속해 있던 오래된 세계에 정착하려고 애를 쓴다. 뛰어난 외모에 마음씨가 상냥한 메이 웰랜드는 그에게 더할 나위 없이 어울리는 현실이었다.

소설의 마지막, 메이는 유럽으로 가기로 한 엘렌을 위해 환송회를 주최한다. 그 자리에 뉴욕 상류층 중에서도 최고의 인사들이 모인다. 유럽 귀족 혈통을 가진 밴더 루이든 부부, 뉴욕의 모든 가문의 역사를 꿰뚫고 있는 실러턴 잭슨과 셀프리지 메이 부부, 격식 있는 행동에 정통한 로렌스 레퍼츠와 거트루트, 러벌 밍곳 부부와 레지 치버스 부부, 밴 뉴랜드와 그의 아내, 아처 부인, 뉴랜드 부인……. 뉴랜드는 식탁에 둘러앉은 이들 모두가 자신과 엘렌의 관계를 알고 있었음을 깨닫는다. 그들은 조용하고 예리하게 두 사람을 주시했고 우아하고 완벽하게 두 사람을 헤어지게 했으며 그에 대해 모르는 척 한마디도 하지 않는다.

엘렌과 뉴랜드는 그들이 속한 세상에서 방랑자와 다름없었다. 두 사람은 한때 같은 증기선을 타고 자신의 갈망이 가리키는 곳으로 떠날 수 있다고 기대했지만, 뉴랜드는 자신의 갈망이 즉흥적인 감상으로 끝나리라는 것을, 결국 '작고 매끄러운 피라미드' 같은 세계의 일원으로 돌아가 엘렌 때문에 잠깐 박탈당했던 권리를 다시 누리게 되리라는 것을, 엘렌이라는 유령을 가슴에 묻고 지금까지 그랬던 것처럼 더는 바랄 것 없이 살게 되리라는 것을 이미 알고 있었다. 그리고 그것은 틀리지 않았다.

삶의 표정

『디어 라이프』 앨리스 먼로

해마다 10월이 되면 전 세계 출판계에 노벨 문학상의 바람이 분다.

알프레드 베른하르드 노벨의 유언에 따라 '이상적인 방향으로 문학 분야에 이바지한 인물'에게 수여하는 노벨 문학상은 다소 독특한 문학상이다. 문학뿐만 아니라 모든 집필 활동을 대상으로 '이상적인 방향'을 문학성에 국한하지 않고 광범위하게 적용한다. 생존 작가에게만 수여되기 때문에 요절이라도 하면 받을 수 없다.

이런 노벨 문학상에 대한 비난도 만만치 않아서 페미니스트를 편애하는 상이라거나(1954년 어니스트 헤밍웨이가 상을 받았지만) 역량이 부족한 작가에게 수여된다거나(1957년 수상자 알베르 카뮈가 논란의 주인공이었다), 반대로 대문호들이 알 수 없는 이유로 심사에서 제외된다는(에밀 졸라와 레프 톨스토이, 제임스 조이스 등) 오랜 논란에 시달려왔다. 노벨문학상의 선정 기준은 비밀에 부쳐져 있어서 '이상적인 방향'이라는 유언자의 의지가 어떻게 해석되는지 알 수 없지만 어쨌든 지대한 영향력을 가진 문학상이 작가의 문학적 역량뿐 아니라 그의 사상과 삶까지 고려한다는 점은 분명하다.

무라카미 하루키는 해마다 노벨 문학상의 유력한 수상 후보로 손꼽히는 작가로 『해변의 카프카』는 그의 소설 중에서도 문학성의 정점에 있다고 여겨지는 작품이다. 이 소설은 2005년 〈뉴욕타임스〉의 올해의 책으로 선정되었고 다음 해 노벨 문학상의 필수 코스라고 불리는 프란츠 카프카 문학상을 받았다. 덕분에 무라카미 하루키의 노벨 문학상 수상 가능성도 이 시기에 기하학적으로 상승했는데 그는 15여 년 동안 노벨 문학상 수상자를 점치는 도박 사이트에서 줄곧 1위를 지켰다.

하루키의 소설은 대체로 쿨하다. 집단에서 벗어나 자신을 규정하지 않고 동요하지 않으면서 감정을 전달한다. 이전 세대와의 연결, 그러니까 선대와의 유대감이라든가 역사의식이라든가 정치적인 색채 같은 것은 전혀 없다. 그것이 하루키 문학의 큰 매력 중 하나다. 하지만 초현실적인 이야기가 병렬로 진행되는 『해변의 카프카』에는 이례적으로 태평양전쟁에 관한 이야기가 등장한다. 열다섯 살 생일을 하루 앞두고 가출하는 주인공 다무라 카프카와 함께 소설의 한 축을 이루는 지적장애 노인 나카타의 어린 시절 일화이다.

태평양전쟁이 막바지로 향하던 1944년, 일본 어느 농촌 지역의 소학교 여교사가 아이들과 함께 근처 산으로 야외 실습을 나간다. 여교사는 하늘에서 B-29처럼 보이는 은색 섬광을 목격하지만, 워낙 산골이다 보니 대도시로 공습을 가나 보다, 하고 무심하게 넘겨버린다. 심지어 아름답다는 생각도 한다. 주위는 평화롭기 그지없다. 그런데 숲속에서 이상한 사건이 일어난다. 모든 아이가 의식을 잃고 기묘한 모습으로 쓰러진 것이다. 여교사는 깜짝 놀라 도움을 청하러 뛰어간다. 비록 시골 마을이긴 하지만 전쟁 중에 국민의 한 사람으로서 자신의 역할을 완수해야 한다는 사명감을 느끼고 있었던 마을 의사는 부랴부랴 약품을 챙겨 어른들과 함께 자전거를 타고 현장으로 달려간다. 아이들이 쓰러진 원인은 끝내 밝혀내지 못했지만, 다행스럽게도 나카타라는 남자아이를 제외하고는 모두 회복된다. 소설에서 연합군은 당시의 기이한 사건을 보고서로 작성한다.

제2차 세계대전이 종식된 직후인 1945년 10월 독일 뉘른베르크에서 나치 독일과 유대인 학살에 대한 대대적인 전범 재판이 열렸다. 이듬해 1946년 일본에서도 도쿄재판이라고 불리는 극동국제군사재판이 시작되었다. 하지만 독일과 달리 재판부는 전범을 찾을 수 없다는 초유의 상황을 맞아야 했다.

일본은 역사적으로 헤이안 시대 이후 정치적으로 무력했던 일본 텐노(천황)와 모든 권력을 독차지하고 있지만 명분상 텐노를 섬기는 군부라는 이중적인 권력 체제가 유지되고 있었다. 이런 특이하고 오래된 정치 구조에 기인해서 일본 군부는 최고 통솔자가 텐노였다고 주장했고, 텐노는 평화를 원했지만, 군부가 말을 듣지 않았다고 주장했고, 일본 국민은 텐노의 전쟁에 무조건 복종할 수밖에 없었다고 주장했다.

덕분에 히로히토 일왕은 히틀러, 무솔리니와 함께 파시즘을 대표하는 인물임에도 전쟁에 대한 아무런 책임을 지지 않았다. 게다가 독일 정부 자체를 범죄단체로 규정했던 뉘른베르크 재판과 달리 극동국제군사재판은 대규모 학살과 유래를 찾아볼 수 없는 비인도적인 행위를 자행했던 일본 정부에 태평양전쟁에 대한 면죄부를 주었다. 그 과정에서 피해국의 입장은 반영되지 않았다.

당시 일본 국민 중 누구도 끝까지 전범을 찾으려고

하지 않았고, 아무도 사과하지 않았으며, 자신들의 잘못에 대한 기록을 남기지 않았다. 지금까지도 함구한 채 그들의 전쟁이 시간 속으로 사라지기를 기다리고 있다. 일본 국민은 침묵으로 말한다. 왜 우리에게 전쟁의 책임을 묻는가? 우리는 아무것도 몰랐다. 우리는 괴물이 아니다. 우리는 무서웠다. 그저 국가의 지시를 정직하게 따랐을 뿐이다. 우리 역시 평화를 원했던 피해자에 불과하다.

순진한 농촌의 여교사. 국가의 지시대로 자신의 역할을 완수하려고 하는 고지식한 마을 의사. 사방이 평화롭고 조용한 산골 마을. 하늘에서 갑자기 목격된 빛나는 금속 물질. 한순간 죽은 듯 쓰러진 죄 없는 어린이들. 광기에 휩싸인 역사 한가운데에 서 있던 그들, 수치와 모멸로 역사에서 잊혀야 했던 전범 국가의 국민 중에는 분명 무고한 이들이 있다. 독일의 패색이 짙던 제2차 세계대전 막바지, 독일 국민에 대한 인권 유린 사건은 실제로 존재한다.

베른하르트 슐링크의 『책 읽어주는 남자』는 다른 유럽인과 똑같이 전쟁의 참혹함을 겪어야 했던 독일인의 시각으로 그들 자신이 늘 지니고 있었던, 하지만 수치와 죄의식 때문에 언제까지 외면할 수 없는 근본적인 질문을 한다.

"그러니까 재판장님 같았으면 어떻게 했겠습니까?"

나치 전범으로 종신형을 선고받은 여주인공 한나는 재판장이 아닌 스스로에게 그리고 마이클(다음 세대에게), '나는(독일은) 과연 용서받을 수 있을까?'라는 질문을 해야 했다. 결국 그녀는 출소를 앞두고 자살을 택한다. 하지만 『해변의 카프카』의 나카타는 『책 읽어주는 남자』의 한나와 달리 과거의 기억을 깨끗하게 잊어버린 채 무지하고 선량한 노인이 되어 오늘날 일본 사회, 다무라 카프카의 현재에 아무런 저항 없이 편입한다.

미국의 반전 가수 밥 딜런의 수상으로 그해에도 다시 한번 고배를 마신 무라카미 하루키가 노벨 문학상의 '이상적인 방향'에 부합하여 결국 그 상을 받게 될지는 알 수 없다. 2009년 노벨 문학상 수상자 헤르타 뮐러는 2012년 중국 소설가 모옌의 노벨 문학상 수상에 대해 정부의 문학 검열을 적극적으로 지지했던 모옌의 전력을 들어 스웨덴 한림원을 비난했다. 그녀는 모옌의 수상이 인권을 쟁취하려는 모든 이들에 대한 모욕이리고 말했다. 모옌은 노벨 문학상을 받은 후에야 중국의 인권 운동가 류사오보가 석방되기를 희망한다고 말했는데 그에 대해서도 뮐러는 적어도 4년 전에 해야 했을 말이었다고 신랄하게 꼬집었다.

예술은 태생적으로 윤리와 도덕으로부터 자유롭다. 그러나 한편 문학은 진실을 다루는 도구이기도 하다. 대체로 조용했던 무라카미 하루키는 『해변의 카프카』로 예루살렘상을 받으면서 '벽과 알'의 비유를 들어 정치적인 발언을 시작했다. 그는 작품에서 침묵했던 것들을 인터뷰를 통해 이따금 언급하고 있는데 "똑같은 실패를 되풀이하고 싶지는 않다."라는 말로 노벨 문학상에 대한 소회를 밝히기도 했다.

ALICE MUNRO

2013년 앨리스 먼로가 노벨 문학상 수상자로 선정되었을 때 여든 살을 넘긴 먼로는 이미 절필을 선언한 상태였다. 글을 쓰는 작업이 너무 외로웠기 때문이라고 한다. 그녀는 '삶에는 글쓰기 외에 다른 것이 존재하고 나 정도 나이가 되면 삶의 방식도 달라진다'라는 말로 절필의 이유를 밝혔다. 하지만 노벨 문학상 수상 소식을 접한 뒤 '어쩌면 수상 때문에 마음이 바뀔지도 모른다'라고 덧붙였다.

글 쓰는 삶을 내려놓기로 한 노작가의 마음이 다시 고무되었을 정도로 그녀에게 노벨 문학상 수상은 기쁜 일이었던 것 같다. 먼로는 노벨 문학상이 수많은 몽상 중 하나였을 뿐 정말로 수상할 것이라고 기대하지 못했다고 말했다.

2014년 수상자로 선정된 프랑스 작가 파트리크 모디아노도 비슷한 말을 했다. 그는 왜 자신에게 상을 주는지 스웨덴 한림원에 이유를 묻고 싶다고 했다. 2016년 가수 밥 딜런의 수상은 아직 노벨 문학상을 받지 못한 작가들과 그들의 팬들, 그리고 밥 딜런 자신에게조차 "왜?"라는 강한 질문을 던졌다.

밥 딜런에 비할 수는 없지만 2013년 앨리스 먼로의 수상도 상당히 이례적이었다. 단편소설 작가로서는 처음이었고, 또 캐나다 작가로도 최초였다. 캐나다는 아름답고 살기 좋은 나라라는 이미지를 가지고 있지만 문화적으로 조금 변방에 놓인 어딘가 촌스럽고 지루하다는 편견도 있다.

1931년 캐나다 온타리오 주에서 태어나 여전히 근처에서 노년을 보내는 앨리스 먼로의 삶도 못지않게 따분해서 이를테면 스콧 피츠제럴드나 실비아 플라스 같은 천재 작가의 화려함은 찾아볼 수 없다. 그녀는 시골 마을 윙엄의 점점 몰락해 가는 농장에서 때로는 그곳을 견딜 수 없어 하면서, 하지만 별다른 저항 없이 성장기를 보냈다. 결혼 전에는 학생들을 가르쳤고, 대학에서 만난 남자와 가정을 이뤘고 세 딸을 낳았고, 남편과 함께 서점을 운영하면서 꾸준하게 단편소설을 썼다. 첫 번째 남편과 이혼한 뒤 대학 선배였던 두 번째 남편과 재혼했는데 그는 앨리스 먼로가 노벨 문학상을 받기 직전 88세의 나이로 세상을 떠났다.

앨리스 먼로의 소설 속 주인공이 그렇듯 먼로 자신도 '타운'이라고 불리는 작은 사회를 벗어나지 않고 영혼을 뒤흔드는 대단한 사건도 없이 누구나 그랬을 법한 인생을 지나왔다. 1968년 출간된 그녀의 첫 소설집 『행복한 그림자의 춤』과 2012년 출간된 마지막 소설집 『디어 라이프』를 비교하면 40년이 넘는 간격에도 불구하고 세심한 몇 가지를 제외하고는 그녀의 삶에 대한 변하지 않는 태도 같은 것을 느낄 수 있다.

남자에게는 언청이였던 흔적이 있다. 예전보다 훨씬

나아지기는 했어도 사람들은 한눈에 그것을 알아보았다. 남자는 전쟁에도 참전하지 못했다. 당시 젊은 남자라면 속속 전장으로 떠났지만, 남자에게 왜 여기 남아 있느냐고 묻는 사람은 없었다. 설령 농담 삼아 묻는다 해도 남자는 회계 업무를 보기 위해서라고 대답할 준비가 되어 있었다.

여자는 한때 부유한 은행가의 딸이었지만 부친의 사업은 실패했고, 그가 세상을 떠난 뒤 그녀는 조용히 상류층에서 밀려났다. 예전에 살던 저택을 처분하는 과정에서 여자는 남자에게 조언을 청한다. 자기 외모를 잘 알고 있는 남자와 고향에서 벗어날 기회를 얻지 못하는 여자는 서로에게 기꺼이 호의를 베푼다. 저택이 헐리고 그곳에 세워진 아파트로 이사한 여자는 남자에게 우리가 함께 살면 어떻겠냐고 제의한다. 마을 사람들은 두 사람을 오누이처럼 여겼고, 두 사람이 함께 사는 일은 지극히 자연스러웠다.

바로 그 이유로 남자는 여자의 청을 거절하고 자신의 집을 처분하기로 한다. 이사할 집을 찾아다니던 남자에게 어느 여대생이 알려준다. 요즘은 당신 같은 얼굴을 더 괜찮게 고칠 수 있다고. 온타리오 주 의료보험에 가입되어 있으면 비용도 들지 않을 것이라고. 하지만 남자는 병원을 찾아가 과거의 흔적을 지워달라고, 지금에 이르러 자신에게 없는 것을 갈망하고 있다고 도저히 말할 수 없다.

이삿짐을 꾸리는 남자의 집으로 여자가 찾아온다. 그녀는 여행을 떠날 것이라고 말하면서 창문 쪽으로 다가간다. 창밖으로 뒷마당이 보인다. 그곳에는 오래전 세상을 떠난 남자의 모친이 새들을 위해 만든 물통이 있다. 물이 가득 담긴 물통으로 작은 스컹크들이 모여든다. 검고 하얀 무늬들이 반짝반짝 춤을 추는 것 같은 풍경. 그 순간 두 사람은 아무 말 없이 그 모습을 바라보면서 즐거워한다. 앨리스 먼로의 『디어 라이프』에 수록된 단편 〈자존심〉의 마지막 장면이다.

삶은 대개 악착같은 것으로 채워지게 마련이지만 느린 기차 안에서 창밖을 바라보는 것 같은 느낌을 받을 때가 있다. 시시각각 다른 모습으로 지나가는 풍경은 비슷하게 익숙하면서 황량하다. 그 잠깐의 사이에 신기하면서도 아름답게 비치는 것을 발견한다. 하지만 나는 아무렇지 않은 삶의 표정이 세상의 어떤 탁월한 이야기보다 왜 이토록 깊은 인상을 남기는지 아직 설명할 수 없다.

EPILOGUE

 글쓰기를 시작한 건 2003년 뉴질랜드 여행을 다녀온 직후였다. 그때까지 글 쓰는 일에 대해 진지하게 고민했던 적은 없다. 나는 문장을 읽는 즐거움 대신 시각적인 화려함에 이끌리는 부류였다. 글쓰기보다 그림 그리기를 훨씬 더 좋아해서 미술을 전공했고, 디자이너로 일했다.

 회사 생활에는 좀처럼 적응하지 못했는데 30대 초반

의 나는 먹고사는 일쯤 얼마든지 해결할 수 있다고 여기면서 세상만사를 제멋대로 해석하고 있었다. 스스로에 대한 혐오로부터 탈출할 수 있는 굳건한 마음을 갖추지 못해서 인생이 고장 난 자동차처럼 어디론가 질주하고 있는데도 손을 놓고 그저 바라볼 뿐이었다.

뉴질랜드 아벨태즈먼 국립공원 마라하우에서 출발해 토디라누이까지, 그때 나는 사흘 내내 해안을 따라 혼자 걸어갔다.

돌이켜보면 각자의 삶에는 '특이점'을 맞는 순간이 있는 것 같다. 인생의 어느 지점에서 맞이하는, 결코 이전과 같을 수 없고 돌아갈 수도 없는 순간이다. 내 인생 지도에는 두 개의 특이점이 있는데 첫 번째가 바로 뉴질랜드 여행 직후였다.

짧은 여행이 끝나고 두 마리의 고양이가 기다리고 있는 집으로 돌아온 나는 글을 쓰기 시작했다. 낯선 장소에서 느꼈던 특별한 인상이 시간의 위력과 삶의 피로감으로 빠르게 퇴색하고 있었다. 그럼에도 아벨태즈먼의 바다를 바라보면서 느꼈던 기쁨을 나는 여전히 기억할 수 있었다. 함량을 채웠다는 기쁨, 아직 제자리를 찾지 못한 퍼즐 조각이 수없이 널려 있지만 그대로 자신의 어느 한 부분을 꼭 맞춰 완성했다는 기쁨이었다.

비록 잠깐이었지만 수면 아래에서 영롱하게 빛났던 찰나의 기쁨을 낚아 올려 보관함에 넣어둔 다음 이따금 그걸 꺼내 보고 싶었다.

『책방으로 가다』는 2017년 『책, 오후, 고양이』라는 제목으로 출간되었던 전력이 있다. 유독 팔리지 않았던 책으로 계약 기간이 끝나도록 초판을 소진하지 못했다.

책과 작가들에 대한 글을 쓰게 된 계기는 기억나지 않는다. 그즈음 더는 여행을 떠나지 않게 되었던 건 확실하다. 여행을 다닐 처지도 아니었고 떠나고 싶은 마음도 남아있지 않았다. 고양이 세쯔는 이미 곁에 없었다. 세상에 대한 강렬한 호기심과 열망으로 인생을 채워왔던 나는 텅 빈 미래를 받아들이기가 어려웠다. 다시 삶이라는 길을 가야 했지만, 이전과 같을 순 없었다. 더하는 게 아닌 떼어내야 하는 순간이 왔고 경험하지 못했던 어려움을 겪으면서 끝까지 포기할 수 없었던 위안이 바로 글이었던 것 같다.

나는 늘 떠나고 싶었다. 햇빛이 부서지는 골목 끝을 바라보면서 길 끝에 무엇이 있을까, 모퉁이를 지나면 과연 무엇이 나타날까, 언젠가 이곳이 아닌 다른 곳으로 떠나리라는 예감은 어린 시절 내가 느꼈던 최초의 행복이었다.

여행을 멈춘 건, 떠나고 싶은 마음이 사라져서가 아니었다. 떠나고 싶었던 진짜 이유, 다른 세상과 만나고 싶다는 갈망이 충족되지 않아서였다. 그건 이제 막 글을 쓰기 시작한 사람에게 매우 강력한 동기가 되어주었다.

출판 계약이 끝나고 원고를 정리하면서 이제는 이와 같은 글은 다시 쓸 수 없다는 생각이 들었다. 단순히 책 읽는 취미에 대해 말하자면 나는 타고난 독서가가 아니다. 문장을 읽고 해석하는 일이 내게는 적지 않은 스트레스를 준다. 독서가란 그런 작업에 크나큰 즐거움을 느끼는 부류들이다. 그러나 문장이라는 다분히 학문적인 방식에 담긴 '어떤 것'은 내가 여행을 통해 도달하고 싶었던 지점과 맞닿아 있었다. 그것만큼은 책이 아닌 다른 것에서 찾기 어려웠다. 미술과 음악에도 비슷한 부분이 있다고 여겨지지만, 글이야말로 가장 구체적이고 사려 깊었다.

『책방으로 가다』는 잠깐이나마 온전하게 그 안에 있었던 어떤 인상에 대한 기록이다. 타인을 위해 그다지 기억될 필요 없는, 그래서 손가락 사이로 빠져나가게 두었어도 괜찮았을 그런 것들을 썼다.

오래전 아벨태즈먼을 걸어갔던 그때처럼 나는 여전히 내 앞에 놓인 길을 걷는다. 그때와 달리 자신이 누구인지, 어떻게 살아야 할지 묻지 않는다. 위대한 천재들이 남긴 영원한 유산보다 그저 반짝였다가 사라지는 순간에 대한 애정으로 오늘을 채운다. 아름답게 유영하다가 이내 흩어져 사라지는 것들. 그 안에는 나의 글도 있다.

"아무렇지 않은 삶의 표정이

왜 이토록 깊은 인상을 남기는지

나는 아직 설명할 수 없다."

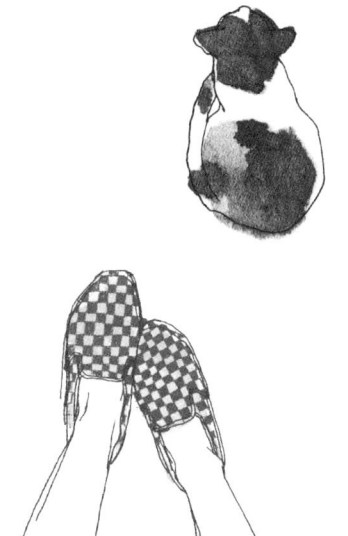

책방으로 가다

초판 1쇄 2022년 2월 28일
초판 2쇄 2024년 2월 20일
북클럽 에디션 1쇄 2025년 9월 25일

지은이 소다캣

펴낸곳 소다캣
출판등록 2021년 11월 18일 제2021-000048호
이메일 sodacatbooks@gmail.com
인스타그램 @sodacatbooks
www.sodacat.com

ⓒ소다캣

ISBN 979-11-993233-1-5
값 12,000원

* 잘못된 책은 바꿔드립니다.
* 이 책의 전부 또는 일부 내용을 재사용하려면 반드시 사전에 저작권자의 동의를 받아야 합니다.